Martin Weimar

Kinder basteln mit Pflanzen

Pfiffiges aus Blättern, Zweigen und Früchten

GU
GRÄFE
UND
UNZER

INHALT

Das Foto auf der Umschlagvorder-seite: Die Bastel-Anleitung für den Kürbismann steht auf Seite 19

Mit dem Flugzeug unterwegs, Anleitungen → Seit

Seeräuber in Sicht, Anleitungen → Seite 22 bis 25

16 bis 21

Was bringen Kinder nicht alles nach Hause: Kastanien, Eicheln, Hagebutten Rindenstücke, Blätter und Zweige. Sie haben Freude am Sammeln und möchten ihre Fundstücke nicht einfach in irgendeiner Schachtel verschwinden lassen.

Kein Problem: Neue Bastel-Ideen für Kinder gibt es in Hülle und Fülle in diesem GU Ratgeber – leicht nach- zumachen.

Bastel-Material: In diesem Kapitel wird erklärt, was man alles in Natur und Garten sammeln oder im Bastelgeschäft kaufen kann. Dazu die Hilfsmittel fürs Zusammenstecken von Figuren und fürs Bemalen. Außerdem gibt es Tips, wie man in der Natur sammelt, ohne ihr zu schaden.

Bastel-Ideen und Anleitungen: Dieser große Bastelteil enthält viele phantasie- volle Figuren, Tiere, Schiffe, Flugzeuge und andere pfiffige Bastel-Ideen sowohl für geübte als auch für ungeübte Bastler.

Und damit auch alles gelingt, wird jede Bastelei in Fotos gezeigt und mit super einfachen Zeichnungen und Anleitun- gen Schritt für Schritt erklärt

Bastel-Tricks: Damit das Basteln leichter geht, werden hier wichtige Handgriffe und der richtige Umgang mit einfachen Werkzeugen Schritt für Schritt erklärt.

Natur-Kennenlern-Tips: Bringen noch mehr Spaß am Basteln mit natürlichen Materialien. Denn man erfährt, was eine Kastanie eigentlich ist, warum es im Herbst bunte Blätter gibt und noch viel mehr Spannendes aus der Natur.

Ein GU Pflanzen-Ratgeber, das Natur- Bastelbuch für alle Kinder, Eltern und alle die nach neuen spielerischen Ideen fürs Basteln suchen.

Viel Freude beim Basteln wünschen der Autor und die GU Naturbuch- Redaktion.

Wichtig
Damit die Freude am Basteln bei Kindern wie Eltern ungetrübt bleibt, beachten Sie bitte die Warnhinweise auf Seite 63 sowie die verschiedenen Sicherheitstips in den Buch- Kapiteln.

Kastanien, Zapfen...

Eicheln, Blätter und was sonst
noch die Natur bietet, dazu Farben,
Hölzchen, Buntpapier und
Kinderschere sind die Grund-
ausstattung für die Bastelkiste.

Das Vorratslager für Bastler

»Daraus kann ich was basteln« – und schon sind die Taschen mit Kastanien, Zapfen oder Rindenstücken gefüllt, werden Zweige, Blätter und manches mehr nach Hause gebracht. Das ist genau richtig. Denn was einem so im Laufe des Jahres in die Finger fällt, ist der Grundstock für die schönsten Basteleien.

Viele der natürlichen Bastel-Materialien kann man kaufen, aber es macht auch Spaß im Garten oder in der Natur auf Entdeckungsreise zu gehen.

Bastel-Material kaufen

In Bastelgeschäften und in den Bastelabteilungen von Kaufhäusern, Gartencentern, Baumärkten und Blumenhandlungen gibt es ein reichhaltiges Angebot an geeigneten Pflanzenteilen zum Basteln.

Die Natur ist kein Supermarkt

Blätter, Zweige, Früchte, Rinden und vieles mehr gibt es in der Natur in Hülle und Fülle. Doch sie ist kein Supermarkt, in dem man alles, was man will, in einen Korb packt und nach Hause trägt. Wenn Du so handelst, kannst Du viel Schaden anrichten. Deshalb solltest Du folgende Sammel-Regeln beherzigen:

Wichtiger Hinweis für die Eltern
Achten Sie darauf, daß Ihre Kinder nicht mit giftigen Pflanzen basteln oder mit Pflanzen, die hautreizende und allergieauslösende Stoffe enthalten. Informieren Sie sich im Zweifelsfall in der Fachliteratur.

- Nur das sammeln, was auf der Erde liegt oder von Waldarbeitern abgeschnitten wurde.
- Immer auf den Wegen bleiben.
- Im Wald nicht ins Unterholz eindringen, Du störst sonst die dort lebenden Tiere.

Blätter sammeln und kennenlernen

Blätter gibt es rund ums Jahr; nur nicht immer von allen Bäumen. Manche Bäume behalten ihre Blätter jahrelang und wechseln sie erst allmählich aus. Diese Bäume haben also auch im Winter grüne Blätter. Man nennt Sie deshalb wintergrün oder immergrün.

Blätter, die sich verfärben
Die schönen farbigen Blätter, die Du im Herbst sammeln kannst, stammen von Laubbäumen, die im Herbst ihre Blätter abwerfen und im Frühjahr neue bekommen. Man nennt sie deshalb sommergrün.

Bevor die Blätter herunterfallen, färben sie sich gelb oder rot, später werden viele dann braun. Man nennt diesen Vorgang Herbstfärbung. Die grüne Färbung der Blätter beruht auf einem grünen Farbstoff, der Blattgrün oder Chlorophyll heißt. Außerdem enthält ein Blatt aber auch gelbe und rote Farbstoffe, die man jedoch im Sommer nicht sehen kann, weil sie vom grünen Farbstoff überdeckt sind. Im Herbst zerfällt das Blattgrün und die roten und gelben Farbstoffe werden sichtbar.

Nadeln sind auch Blätter
Die Blätter der Nadelbäume sind wie Nadeln geformt, daher kommt der Name.

Wie alle Pflanzen verdunsten auch die Nadelbäume Wasser über ihre Blätter. Je kleiner die Blätter sind, desto weniger Wasser wird verdunstet. Weil Nadelbäume mit wenig Wasser auskommen müssen, haben sie so extrem schlanke Blätter.

Sammeltips
- Bis aufs Frühjahr kannst Du zu jeder Jahreszeit Blätter sammeln. Im Frühjahr sind die neuen Blätter noch sehr empfindlich und werden schnell welk, wenn man sie vom Baum nimmt.
- Fürs Basteln eignen sich am besten feste oder ledrige Blätter wie die von der Platane oder vom Ahorn. Sie reißen nicht so leicht wie weiche Blätter. Hinweis: Praktische Tips fürs Trocknen von Blättern findest Du auf Seite 54/55.

Kartoffel-Marionette
Mit einer langen Sticknadel und Paketschnur alle Teile miteinander verbinden. An den Kopf und den Gliedmaßen die Führungsschnüre befestigen und an eine Astgabel binden.

Frische dünne Zweige vom Haselnußstrauch, der Weide oder vom Holunder kann man gut biegen. Trockene Zweige brechen leicht, sie werden aber wieder biegsam, wenn man sie über Nacht in Wasser einweicht.

Früchte sammeln und kennenlernen

Die Frucht ist das Gehäuse, das den Samen bis zu seiner Reife umschließt. Außerdem sorgt sie für seine möglichst große Verbreitung. Die Natur hat sich dafür raffinierte Transportmittel ausgedacht. Zum Beispiel sorgen die geflügelten Früchte des Ahorns, die bekannten »Nasenzwicker«, dafür, daß der Samen weit weg fliegt.

Bei den Rosen sind die Vögel das Transportmittel, sie fressen die Hagebutten und scheiden die unverdaulichen Samen wieder aus.

Sammeltip

Da Kastanien, Eicheln, Zapfen, Hagebutten und viele andere Früchte zum Basteln nur im Spätsommer und Herbst in der Natur zu finden sind, muß man sich einen kleinen Vorrat anlegen. Damit die Früchte nicht schimmeln und modern, nach dem Sammeln ausbreiten und gut trocknen lassen. Niemals feucht in eine Dose oder in eine Plastiktüte stecken.

Rinden sammeln und kennenlernen

Die Rinde ist die Haut des Baumes. Sie schützt den Baum, schließt ihn nach außen hin ab und verhindert so, daß der Stamm vertrocknet. Sie wächst mit dem Baum mit, und bei manchen Bäumen wird sie im Laufe der Jahre sehr dick.

Die abgestorbenen Rindenteile ganz außen heißen Borke. Sie kann ganz glatt sein wie bei der Buche, aber auch zerklüftet und rissig wie bei der Kiefer und der Eiche.

Sammeltip

Wenn im Wald Bäume gefällt werden, schälen die Forstarbeiter meist den Stamm sauber ab. Die ganz großen Rindenstücke werden abtransportiert, aber es bleiben viele Stücke übrig. Ideal ist es, wenn Du frisch geschälte Rinde bekommst, denn sie ist stabiler und läßt sich leicht verarbeiten.

Nicht so gut fürs Basteln geeignet sind Rinden, die schon lange am Boden liegen. Sie sind meist weich und zerfallen, wenn man sie in die Hand nimmt.

Auch mit Rinden von Bäumen, die schon lange am Boden liegen, kann man nicht so gut basteln. Sie sind oft vermodert oder bröselig.

<u>Wichtig:</u> Es wird keiner etwas dagegen haben, wenn Du von einem gefällten Baum ein Stück Rinde ablöst. Du darfst aber auf keinen Fall von einem lebenden Baum Rinde abschälen oder gar abschneiden. Du verletzt den Baum damit, er blutet, das heißt er verliert seinen Saft. Außerdem können durch die Wunde gefährliche Krankheitserreger eindringen.

<u>Rinden säubern und trocknen</u>

Am besten säuberst Du die Rinden an Ort und Stelle. Löse vorsichtig alle losen Teile ab. Dann schüttele sie kräftig aus, damit anhaftende Erde und kleine Insekten, die darin leben, abfallen. Zu Hause die Rindenstücke zum Trocknen ausbreiten.

Zu zweit macht Basteln noch mehr Spaß. Hier entsteht gerade Olli, der Außerirdische, der später in der Raumstation für Aufregung sorgen wird. Die Raumstation ist auf Seite 38/39 abgebildet, die genaue Anleitung für den Kürbismann findest Du auf Seite 41.

Bastelspaß mit Köpfchen

Wer will sich schon in den Finger schneiden oder stechen? Keiner natürlich – und trotzdem kann beim Basteln allerlei passieren, wenn Du mit den Werkzeugen und anderen Hilfsmitteln nicht richtig umgehst. Schau Dir deshalb die Sicherheitstips, die bei den folgenden Materialbeschreibungen stehen, genau an. Sie sollen Dir helfen, daß Basteln wirklich Spaß macht – und nicht mit Tränen und Heftpflaster endet.

Alles zum Stecken

Ein ideales Hilfsmittel beim Basteln mit Pflanzen sind Hölzchen oder Nadeln, mit denen man etwas fest- oder zusammenstecken kann. Bewährt haben sich:

Streichhölzer

Die einfachen, kantigen Hölzchen eignen sich am besten fürs Zusammenstecken kleiner Figuren. Viele haben bunte Köpfchen, mit denen man zum Beispiel lustige Augen oder Hörner basteln kann.

Sicherheitstip: Die Hölzchen nicht in den Mund nehmen. Und natürlich nicht zündeln!

Zahnstocher und Schaschlikstäbchen

Fürs Basteln ideal sind die Zahnstocher und Schaschlikstäbchen aus Holz. Beide sind preiswert und vielseitig einsetzbar. Ihre spitzen Enden halten zum Beispiel gut in Zapfen und weichen Früchten, so daß man oft auf Klebstoff verzichten kann.

Sicherheitstip: Vorsicht beim Einstecken der Hölzchen, daß Du Dich nicht mit ihren Spitzen stichst! Die Stäbchen immer vom Körper weg halten, nie auf den Körper zu stecken.

Nadeln mit dicken Köpfen

Damit kann man schnell kleine Früchte oder Blätter anbringen, zum Beispiel Hagebutten fürs Gesicht. Die Nadeln halten oft besser als Kleber, außerdem sehen sie mit ihren dicken bunten Köpfchen lustig aus.

Sicherheitstip: Daß Nadeln schmerzhaft stechen können, ist klar. Deshalb immer vorsichtig damit umgehen. Am besten bis zum Gebrauch in einen Radiergummi oder Knetmasse stecken.

Gut gebohrt ist halb gebastelt

Wem vergeht da nicht die Lust am Basteln: Die Hölzchen rutschen ständig an der glatten Kastanienschale ab. Dann brechen sie auch noch. Und die schönen Eicheln platzen beim Aufspießen. All diesen Ärger kannst Du vergessen, wenn Du die Früchte vorbohrst. Dafür gibt es ein billiges und einfaches Gerät: den Ringbohrer, auch Vorbohrer genannt. In Kaufhäusern bekommst Du ihn in verschiedenen Stärken, so daß Du die Löcher auf die Dicke der Hölzchen abstimmen kannst.

Sicherheitstip: Wie Du mit dem Bohrer umgehst, ist auf Seite 56 und 58 beschrieben. Laß' Dir aber in jedem Fall erst einmal von einem Erwachsenen zeigen, wie gefahrlos gebohrt wird.

Übrigens: Auch der Umgang mit Messer und Schere will geübt sein, im Zweifelsfall immer von Erwachsenen helfen lassen.

Kleber

In Bastel- und Papiergeschäften gibt es geeignete Klebstoffe fürs Basteln mit Pflanzen. Wichtig ist bei allen Klebern, daß der Untergrund nicht feucht ist.

Sicherheitstip: Nie lösungsmittelhaltige Kleber oder sogenannte Sekundenkleber verwenden!

Farben

Mit Fingerfarben lassen sich pflanzliche Materialien sehr gut bemalen. Bei Wasser- und Plakafarben muß man viel Farbe und wenig Wasser nehmen, damit die Farbe gut haftet.

Susi Saurier ▶

Der Körper von Susi wird genauso gebastelt wie der von Fritz, dem Dino auf Seite 64. Die Bastelanleitung dazu steht auf Seite 50/51. Susis Beine: Du brauchst langen kräftigen Blumendraht und durchbohrte Kastanien: 1 Kastanie am Drahtende festzurren. Die Kastanien für das erste Bein auffädeln, den Draht durch den Bauch stecken und das zweite Bein auffädeln, letzte Kastanie wieder festzurren.

Beim Basteln die Natur entdecken
So zieht man ein Kastanien-bäumchen:
Eine frische Kasta-nie im Herbst in einen Blumentopf mit Erde stecken. Auf die Fensterbank stellen und feucht halten. Kommen die beiden Keim-blättchen aus der Erde, den Topf kalt, aber frostfrei und hell stellen. Im Mai das Pflänzchen in den Balkonkasten oder in den Garten setzen.

Erlenzapfen

Ahornfrüchte (»Nasenzwicker«)

Hagebutten

Platanenblatt

Eicheln

Lindenzweig mit Blüten

**Zweige, die Wur-
zeln schlagen**
Im Winter einen
frisch gepflückten
Zweig von der
Weide in eine
Flasche oder in ein
Glas mit Wasser
stellen. Im warmen
Zimmer aufstellen.
Immer das verdun-
stete Wasser nach-
füllen, der Zweig
darf nie trocken
stehen.
Nach 2 bis 3 Wo-
chen zeigen sich die
ersten Wurzeln und
Blätter. Im Frühjahr
kann man den
Zweig ins Freie
pflanzen.

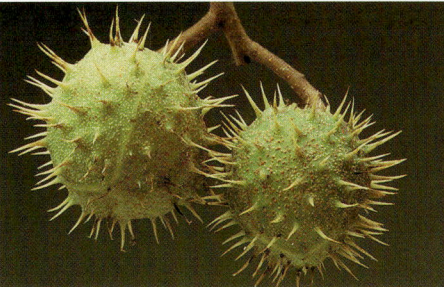

Geschlossene Kastanienfrucht

Geöffnete Fruchtbecher der Buche   **Kiefernzapfen**

Spiel und Spaß

und immer wieder neue Ideen,
ob Dino, Igel, Seeräuber
oder die Außerirdischen –
auf geht's: in der Bastelwelt
ist immer was los.

Erster Aufruf

für Flug Nummer GU 333 in die Sonne, an den Strand oder wo Du sonst hinwillst. Die Jets brummen schon startklar auf der Rollbahn, die Lotsen stehen bereit.
Start frei zum Basteln? – Dann blättere die Seite um.

Bastel-Anleitungen → Seite 18,19,20 und 21.

Große Abbildung des »Flughafens« → Seite 16/17.

frischer Zweig wie zum Beispiel von Weide oder Holunder,

- 6 Ahornflügel-Hälften
- 1 hohler Stengel, etwa 5 cm lang, zum Beispiel vom Holunder (ausgehöhlt), oder Wilder Kerbel oder einfach ein zum Röllchen geklebter Pappstreifen,
- 1 Hagebutte,
- 2 kräftige Blattstiele,
- 1 Stecknadel mit Kopf.

Jet aus einem Blatt

Einfach zu basteln.
Anleitung: Die Zeichnungen 1 bis 3 zeigen, wie der Jet gebaut wird.

Material

- 1 Platanenblatt,
- 1 gerade gewachsener,

Hilfsmittel: Kleines Messer, Farben und Pinsel.
Basteltip: Den Zweig nicht ganz spalten. Der Spalt muß länger als das Blatt sein. Das Blatt im Spalt ganz nach hinten schieben, so daß vorne vor dem Blatt noch Platz ist. Das hintere Zweig-Ende sollte zu bleiben. Falls Du es durchschneidest, mit Klebstreifen zusammenkleben.

1 | Jet-Rumpf: Den Zweig spalten und das Blatt in den Spalt schieben.

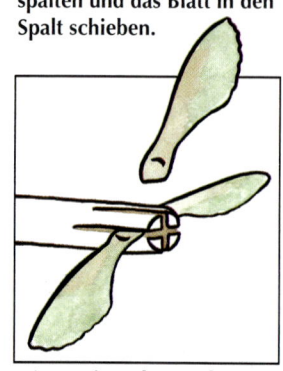

2 | Jet-Propeller: Den hohlen Stengel oder das Pappröhrchen mit 2 Löchern versehen und über das vordere Zweig-Ende schieben. Die Blattstiele als Fahrwerk in die Löcher stecken. Hagebutte vorne in den Stengel oder ins Röhrchen stecken. 3 Ahornflügel-Hälften propellerartig auf die Stecknadel spießen und in die Hagebutte stecken.

3 | Jet-Leitwerk: Den hinteren Teil des Zweiges kreuzweise einschneiden und die restlichen Ahornflügel in die Schlitze klemmen.

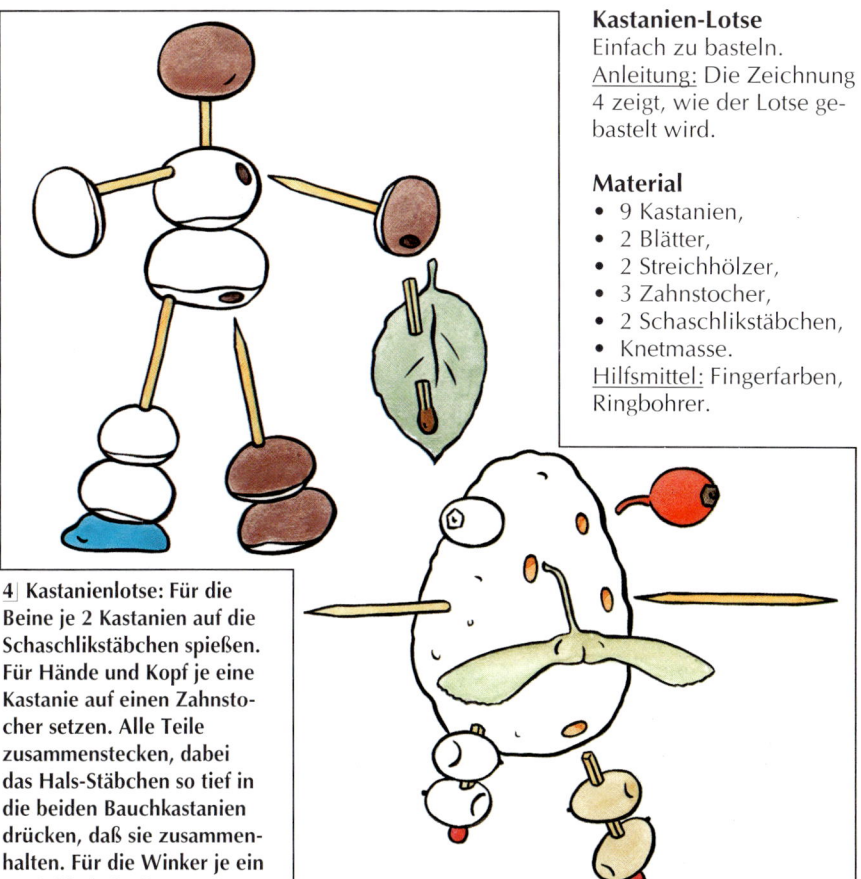

Kastanien-Lotse
Einfach zu basteln.
<u>Anleitung:</u> Die Zeichnung
4 zeigt, wie der Lotse gebastelt wird.

Material
- 9 Kastanien,
- 2 Blätter,
- 2 Streichhölzer,
- 3 Zahnstocher,
- 2 Schaschlikstäbchen,
- Knetmasse.

<u>Hilfsmittel:</u> Fingerfarben,
Ringbohrer.

Achtung!
Kastanien und
Eicheln sind manch-
mal schwer zu
durchbohren, der
Ringbohrer kann
leicht abrutschen.
Um Verletzungen
zu vermeiden,
sollten kleinere
oder ungeübte
Kinder einen Er-
wachsenen oder
größere Geschwi-
ster um Hilfe bitten.

4 Kastanienlotse: Für die
Beine je 2 Kastanien auf die
Schaschlikstäbchen spießen.
Für Hände und Kopf je eine
Kastanie auf einen Zahnsto-
cher setzen. Alle Teile
zusammenstecken, dabei
das Hals-Stäbchen so tief in
die beiden Bauchkastanien
drücken, daß sie zusammen-
halten. Für die Winker je ein
Streichholz in die Hand-
Kastanien stecken und die
Blätter daran aufspießen.
Damit der Lotse sicher steht,
ihn fest auf Knetmasse
setzen.
Gesicht und Winker mit
Fingerfarben bemalen.

5 Dreibeiniger Kürbislotse: Für die 3 Beine je 2 Eicheln auf
die Streichhölzer schieben, in den Kürbis stecken. Als Arme
2 Zahnstocher anbringen. Für das Gesicht die Hagebutten
und den Ahornflügel mit ihren Stielen einstecken (ohne
Stiel: ankleben).

Dreibeiniger Kürbislotse
Einfach zu basteln.
<u>Anleitung:</u> Die Zeichnung
5 zeigt, wie der Lotse gemacht wird.

Material
- 1 Zierkürbis,
- 6 Eicheln (durchbohrt),
- 2 Hagebutten mit Stiel,
- 1 Ahornflügel mit Stiel,
- 2 Zahnstocher,
- 3 Streichhölzer.

Große Abbildung des »Flughafens« → Seite 16/17.

Segelflieger

Ganz einfach zu basteln.
Anleitung: Wie der Segler gebaut wird, zeigt die Zeichnung links unten.

Material

- 1 Platanen- oder Ahornblatt,
- 1 Hagebutte,
- 1 Schaschlikstäbchen,
- bunte Papierschnipsel.

Basteltip: Als Startrampe eine Kastanie unterlegen.

Segelflieger:
Das Schaschlikstäbchen durch das Blatt stecken und vorne die Hagebutte daraufsetzen. Buntes Papier als Leitwerk hinten aufs Stäbchen spießen.

Doppeldecker

Nicht ganz einfach zu basteln.
Anleitung: Die Zeichnungen 1 bis 4 zeigen, wie die Tragflächen aus den Blättern gebastelt werden. Die Zeichnungen 5 und 6 erklären, wie die Tragflächen, der Rumpf und das Fahrwerk zusammengebaut werden.

Material:

- 2 frische Platanen- oder Ahornblätter, sie dürfen nicht naß sein,
- 1 gerader, dicker Holunderzweig (Durchmesser etwa 1,5 cm),
- 2 Holunderästchen, die so dünn sind, daß sie in das Mark des dicken Zweiges hineinpassen,
- 3 Ahornflügel-Hälften (»Nasenzwicker«),
- 5 oder 6 Hagebutten,
- 9 Stecknadeln mit dicken bunten Köpfen,
- 2 lange, kräftige Blattstiele.

Hilfsmittel: Klebstoff, Wasserfarben und Pinsel, kleines Messer.
Hinweis: Bei diesem Bastelstück mußt Du die Blätter pressen. Wie das gemacht wird, steht auf den Seiten 54 und 55.
Basteltip: Wenn Du die Blätter des Flugzeugs mit Wasserfarben anmalen willst, mußt Du viel Farbe und wenig Wasser nehmen. Dann hält die Farbe besser.

1| Doppeldecker: Das Blatt hat dicke Blattadern.

2| Blatt entlang der ersten Ader nach hinten knicken.

3| Knickstelle auf Mittelader der Vorderseite legen.

4| Andere Hälfte ebenso falten, 2. Blatt unterlegen, pressen, zusammenkleben.

5⌐ **Doppeldecker-Rumpf:** In den dicken Zweig die Ästchen stecken. Ahornflügel-Hälften als Propeller auf eine Nadel spießen, vorne einstecken. Hinteres Ästchen einkerben, eine Ahornhälfte einklemmen. Hagebutten-Passagiere aufstecken.

Tips fürs Basteln mit Blättern

Mit Platanenblättern basteln sich alle Flieger leichter als mit Ahornblättern. Sie brechen nicht so leicht, auch wenn man sie faltet und preßt, weil sie ledrig und deshalb geschmeidig sind.

Blätter sammeln: An vielen Straßen und in Parks stehen schöne alte Platanenbäume. Im Sommer kannst Du die grünen Blätter sammeln.

Im Herbst gibt es dann gelbe Blätter, die sich rasch in ein schönes Braun umfärben.

Blätter trocknen: Sollen die Blätter ihre gelbe Farbe lange behalten, dann mußt Du sie schnell an einem warmen Ort trocknen, zum Beispiel im Heizungskeller oder auf dem Heizkörper.

Fürs Trocknen die Blätter ausbreiten, sonst vermodern sie.

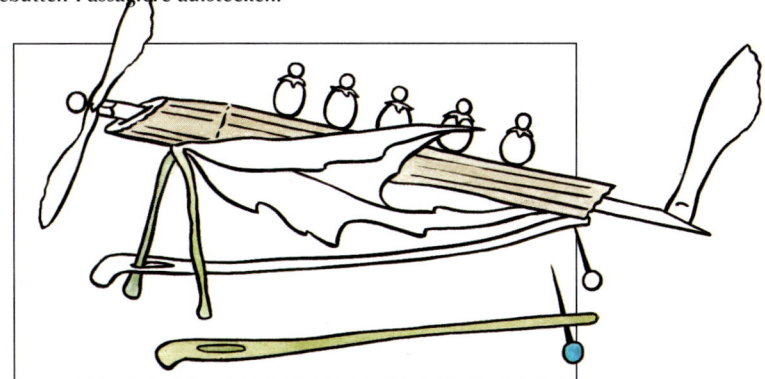

6⌐ **Doppeldecker-Fahrwerk:** Den Rumpf auf die zusammengeklebten Blätter (→ Zeichnung 4) kleben. Vorsichtig die Stiele nach unten biegen, wenn sie brechen mit Klebstoff fixieren. Die beiden langen Blattstiele am vorderen Ende einschlitzen, die Stiele der Tragflächen-Blätter durchstecken, hinten mit Stecknadeln befestigen.

Hagebutten-Tips

Hagebutten sind die Früchte der Rosen. Sie bilden sich ab August an Rosensträuchern. Du kannst sie dann im Garten, in Parks oder in der Natur sammeln.

Sammeltip: Die Hagebutten sind erst grün und dann rot. Je fester die Früchte sind, desto besser kann man damit basteln oder sie trocknen. Schön fest sind die Hagebutten, wenn sie sich gerade rot färben. Hängen sie lang am Strauch, werden sie weich, nach dem ersten Frost sind sie matschig.

Ahoi!

Käpten Huck hat die Schatzinsel entdeckt mit einer Truhe voller Gold und Juwelen. Die will er haben – volle Fahrt voraus, das Schiff saust durch die Wellen, der Wind bläht die Segel. Alle Mann an Deck zum Basteln? – Dann blättere die Seite um.

Bastel-Anleitungen → Seite 24 und 25.

Große Abbildung der »Piratengeschichte«
→ Seite 22/23.

Schiff mit Seeräuber

Nicht ganz einfach.
Anleitung: Die Zeichnungen 1 bis 5 zeigen, wie das Schiff, der Seeräuber und die Schatztruhe gebastelt werden.

Material

Das Schiff:
- 1 gewölbte Fichtenrinde, etwa 35 cm lang,
- 1 Rindenstück, 10 cm lang,
- 2 längliche, gebogene Zapfen,
- 10 Eicheln mit aufgeklebten »Eichelhütchen«,
- 1 biegsamen, geraden Zweig, etwa 45 cm lang,
- Grasstengel und Grashalme,
- verschiedene Blätter,
- 1 trockenes Maisblatt, ersatzweise Buntpapier,
- 20 Schaschlikstäbchen,
- 20 Erdnüsse mit Schale.

Der Seeräuber:
- 1 kleine Astgabel, die innen schon morsch ist,
- 1 Walnuß,
- 2 Zapfen-Schuppen,
- 2 Schaschlikstäbchen,
- 1 Stück Blumendraht,
- 1 Strohhalm,
- 1 ungeschälter Kürbiskern oder weiße Pappe,
- 1 Maisblatt, ersatzweise Stoffstreifen,
- 1 Ahornflügel (»Nasenzwicker«).
Hilfsmittel: Klebstoff, Farben und Pinsel, Ringbohrer, Allzweckschere, kleines Messer.

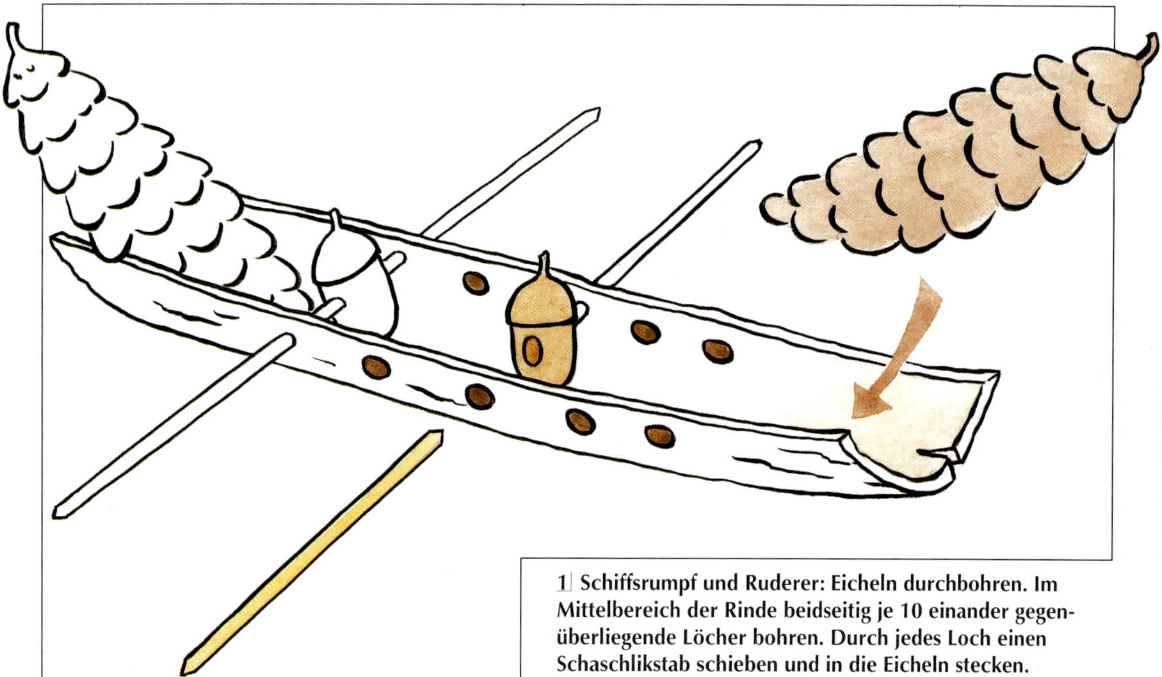

1 Schiffsrumpf und Ruderer: Eicheln durchbohren. Im Mittelbereich der Rinde beidseitig je 10 einander gegenüberliegende Löcher bohren. Durch jedes Loch einen Schaschlikstab schieben und in die Eicheln stecken. Zapfen auf die Rinde kleben. Erdnüsse auf die Ruder stecken.

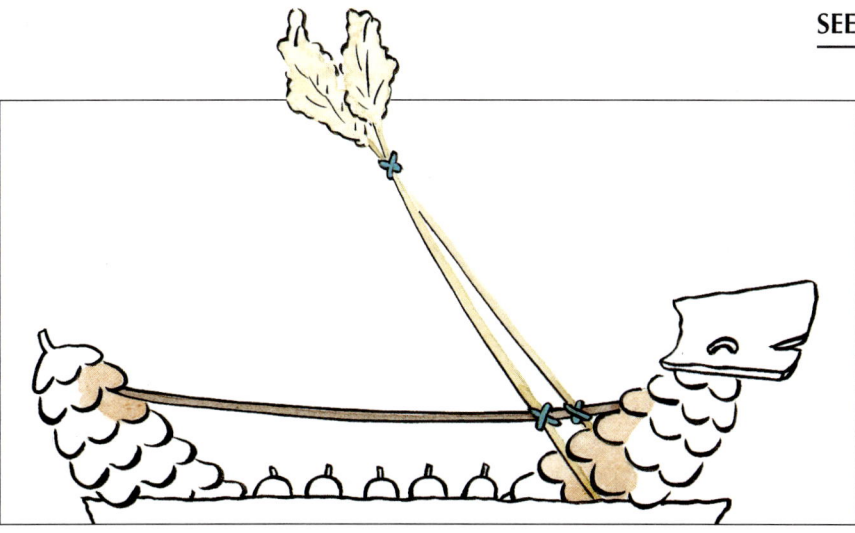

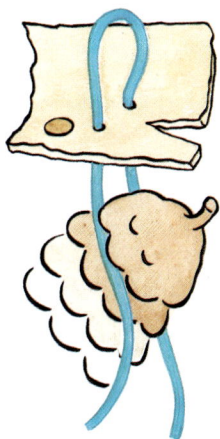

2│ Ausguck und Mast:
Den Ausguck aufbinden
(→ rechts). Zwischen die
Zapfen den Zweig klemmen,
daran als Mast die Gras-
stengel binden. Mit Halmen
und Blättern die Segel
setzen. Gemalte Maisblatt-
flagge ankleben.

4│ Seeräuber: Für den
Körper Astgabel einkerben.
Durch den Strohhalm Draht
ziehen, in die Kerbe klem-
men. Auf die Stäbchen
Schuppen spießen
und in den Ast
stecken.
Für den Kopf an
die Nuß kleben:
Maisblatt (Augen-
klappe), Kürbis-
kern (Auge),
Ahornflügel
(Hut). Nuß auf
Rumpf kleben.
Pirat auf den
Ausguck stecken.

Schatztruhe
Einfach zu basteln.
Anleitung: Die Zeichnung
5 zeigt, wie die Truhe gebaut wird.

Material
• 2 stark gewölbte Fich-
tenrinden-Stücke,
• 2 dünne Weidenzwei-
ge, ersatzweise Paket-
schnur,
• Nüsse, Bonbons oder
bunte Steine als Schatz.
Hilfsmittel: Ringbohrer.

Schatzinsel
Die Insel besteht aus ei-
nem Holzbrettchen.
Für die Palme kann man
alle möglichen Pflanzen
nehmen. Wer die im Foto
gezeigte Palme nachma-
chen will, zupft aus ei-
nem Kastanienblatt nach
jeder zweiten Blattader
das Grün raus.
Dann ein Loch in die In-
sel bohren und den Blatt-
stiel hineinstecken.

3│ Ausguck: In das
kurze Rindenstück
3 Löcher bohren.
Durch 2 Löcher
eine Schnur ziehen
und die Plattform
auf den vorderen
Zapfen binden.
In das dritte Loch
wird später das
Holzbein des
Piraten gesteckt.

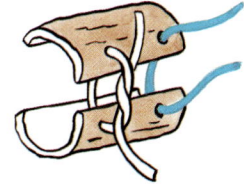

5│ Schatztruhe: Die
durchbohrten Rinden
zusammenbinden
(→ Bastel-Tricks,
Seite 58).

Hühner,

Enten, der prächtige Hahn
auf dem Misthaufen, alle
gut beschützt von Bello,
dem Hofhund. Da gibt's
sicher ganz frische Eier
zum Frühstück.
Genug gestärkt fürs
Basteln? – Dann blättere
die Seite um.

Bastel-Anleitungen → Seite 28, 29, 30 und 31.

Hahn auf dem Misthaufen

Einfach zu basteln.
<u>Anleitung:</u> Die Zeichnung 1 zeigt, wie der Hahn gebastelt wird.

Material

- 2 Kastanien, am besten 1 große und 1 kleine,
- 2 Blätter, am besten von der Platane oder vom Ahorn,
- 4 Streichhölzer,
- 2 Stecknadeln mit bunten Köpfen oder Erbsen, Holzperlen, die man anklebt.

<u>Hilfsmittel:</u> Ringbohrer.
<u>Basteltip:</u> Um die Hölzchen und die Blätter leicht in die Kastanien stecken zu können, muß man Löcher vorbohren. Am besten verwendet man dazu den Ringbohrer (→ Bastel-Tricks, Seite 56).
Unbedingt helfen lassen, wenn Du noch nicht mit dem Bohrer »gearbeitet« hast! Verletzungsgefahr!

Hähnchen am Zaun

Einfach zu basteln.
<u>Anleitung:</u> Die Zeichnung 2 zeigt, wie das Hähnchen gebastelt wird.

Material

- 3 Kastanien, am besten 1 kleine kugelige, 1 große kugelige und eine große flache,
- 1 Ahornflügel-Hälfte,
- 1 Blatt,
- 1 Streichholz,
- 2 Zahnstocher,

2 Hähnchen: Als Beine 2 Zahnstocher und das »Kratzfuß-Blatt« auf die flache Kastanie stecken. Große Kastanie einkerben, den Ahornflügel-Schwanz einstecken. Augen (Nadeln, Perlen) an der kleinen Kopf-Kastanie anbringen. Alles zusammenstecken.

- 2 Kopfstecknadeln oder Holzperlen (ankleben).

<u>Hilfsmittel:</u> Kleines Messer, Ringbohrer.
<u>Basteltip:</u> Fürs Basteln mit Kastanien gilt das gleiche wie beim Hahn (→ Basteltip links oben).

1 Hahn: Als Beine 3 Streichhölzer und als Flügel die Blätter in die große Kastanie stecken. Den kleinen Kastanien-Kopf mit einem Streichholz aufsetzen und die Augen (Stecknadeln oder Holzperlen) anbringen.

Große Abbildung vom Hühnerhof → Seite 26/27.

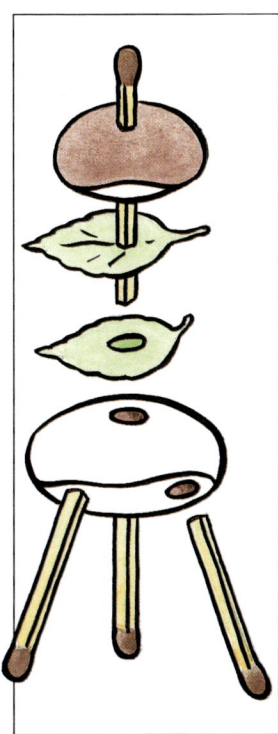

3| **Kragen-Hühnchen: Als Beine in die große kugelige Kastanie 3 Streichhölzer stecken. Für den Kopf 1 Streichholz durch die kleine kugelige Kastanie schieben. Dann darauf die Blätter als Kragen aufreihen. Kopf und Rumpf zusammenstecken.**

Kragen-Hühnchen

Einfach zu basteln.
<u>Anleitung:</u> Die Zeichnung 3 erklärt, wie das Hühnchen gemacht wird.

Material

- 2 Kastanien, am besten 1 große kugelige und 1 kleine kugelige,
- etwa 10 kleine Blätter, am besten von der Birke,
- 4 Streichhölzer.

<u>Hilfsmittel:</u> Ringbohrer.
<u>Basteltip:</u> Für das Basteln mit den Kastanien gilt das gleiche wie beim Hahn auf dem Mist (→ Basteltip gegenüberliegende Seite).

Zaun für den Hühnerhof

Ganz einfach zu basteln.
<u>Anleitung:</u> Die Zeichnung 4 zeigt, wie der Zaun gebaut wird.

Material

- Etwa 50 lange Nadelpaare von der Kiefer, am besten Schwarzkiefer,
- 7 bis 10 dünne Ästchen,
- Knetmasse in verschiedenen Farben.

<u>Basteltip:</u> Bei der Schwarzkiefer wachsen zwei Nadeln aus einer Blattscheide, das ist die Stelle, an der das Blatt am Zweig sitzt. In dieser Blattscheide stecken die beiden Nadeln auch noch, wenn sie vom Baum fallen. Soll der Zaun gelingen, darfst Du die Nadeln nicht auseinanderreißen.

Über die Kastanien

Die Kastanien, die man ab Oktober sammeln kann, sind die Samen der Gemeinen Roßkastanie. Sie stecken in einer stacheligen Kapsel.
Die Heimat dieses Baumes liegt in Südosteuropa und Westasien. Seefahrer brachten ihn im 16. Jahrhundert zu uns.
Sein schönes Laub, die prächtigen Blütenkerzen und die braunglänzenden Kastanien machen ihn zu einem unserer beliebtesten Bäume.
<u>Wichtig:</u> Roßkastanien sind für uns Menschen ungenießbar.

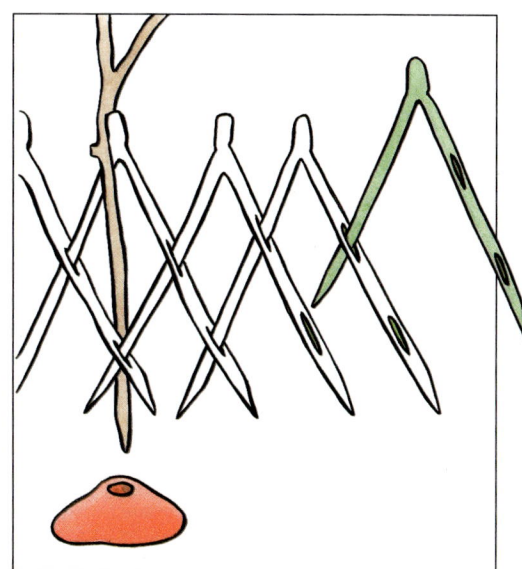

4| **Zaun: Jeweils die rechte Kiefernnadel mit dem Fingernagel zweimal einschlitzen und die ungeschlitzten Nadeln durchstecken. Als Zaunpfosten die Ästchen in Knetmasse stecken.**

Große Abbildung
vom Hühnerhof
→ Seite 26/27.

Bello, der Hofhund
Ganz einfach zu basteln.
<u>Anleitung:</u> Die Zeichnung 1 zeigt, wie man Bello bastelt.

Material
• 1 Maiskolben mit Hüllblättern, am besten einen frischen nehmen, Hüllblätter trocknen ein.
• 2 Kastanien,
• 2 stachelige Kastanienschalen,
• 10 Streichhölzer,
• 2 Kopfstecknadeln,
• roter Pappstreifen.
<u>Hilfsmittel:</u> Klebstoff, Farben und Pinsel.

2 Schnabel-Ente: Auf das Streichholz einen Lindenflügel (oder Packpapier-Flügel) stecken, dann die kleine Kastanie und wieder einen Flügel. Zum Schluß das Hölzchen in die große Kastanie drücken.

Schnabel-Ente
Einfach zu basteln.
<u>Anleitung:</u> Die Zeichnung 2 erklärt, wie die Ente gebastelt wird.

Material
• 2 frische Kastanien, 1 große und 1 kleine,
• 2 getrocknete Flügel von Lindenfrüchten oder Packpapier-Streifen,
• 1 Streichholz.

1 Bello: Für den Schwanz 1 Maisblatt nach hinten biegen. Die übrigen vorne wie ein Maul formen. Als Beine die 10 Streichhölzer paarweise in den Maiskolben stecken. Für die Augen die Kastanien mit den Nadeln feststecken und die Schalen als Lider daraufkleben. Augen anmalen. Pappstreifen als Zunge ins Maul kleben.

Der Puterich

Ganz einfach zu basteln.
Anleitung: Die Zeichnungen 3 und 4 zeigen, wie der Puterich gebastelt wird.

Material

- 2 frische Kastanien,
- 2 halbe Kastanienschalen,
- 2 bis 3 rote Blätter (Herbstfärbung),
- 2 Zahnstocher,
- 1 Streichholz.

Zwerghuhn

Ganz einfach zu basteln.
Anleitung: Die Zeichnung 5 zeigt, wie das Hühnchen gebastelt wird.

Material

- 2 frische Kastanien,
- 10 kleine Blätter herbstlich gefärbt, zum Beipiel gelb oder rot,
- 1 Zahnstocher.

Kastanien- und Mais-Tip

In frische Kastanien und frische weiche Maiskolben lassen sich Streichhölzer oder Zahnstocher meist leicht hineinstekken. Sind sie schon trokken, muß man Löcher mit dem Ringboher vorbohren.
Vorsicht: Verletzungsgefahr (→ Bastel-Tricks, Seite 56).

3 Puterich-Bauch: Das Streichholz durch die erste Kastanie schieben, die roten Blätter auffädeln und das Hölzchen in die zweite Kastanie stecken.

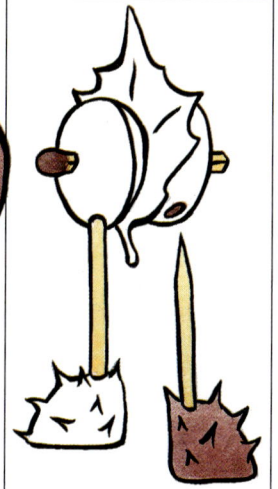

4 Puterich-Beine: Die Zahnstocher in die Kastanienschalen-Hälften stecken und den Puterich-Bauch oben darauf setzen. Dabei vorsichtig vorgehen, damit die Blätter nicht zerquetscht werden. Falls der Puterich wackelig steht, auf Knetmasse setzen.

5 Zwerghuhn: Den Zahnstocher durch die erste Kastanie schieben und die Blätter daraufspießen. Das Hölzchen durch die zweite Kastanie stecken. Die überstehenden Enden des Zahnstochers als Beine vorsichtig nach unten knicken.

Wetten, daß...

der Igel den Wettlauf gewinnt? Er versteckt sich nämlich nach dem Start, während seine Frau am Ziel wartet. Als der Hase dort keuchend ankommt, ruft sie: »bin schon da«, und der Hase merkt gar nicht, daß er reingelegt wurde.
Eine tolle Geschichte zum Basteln? - Dann blättere die Seite um.

Bastel-Anleitungen → Seite 34, 35, 36 und 37.

Große Abbildung
des »Wettlaufs«
→ Seite 32/33.

Die Igel
Einfach zu basteln.
Anleitung: Die Zeichnungen 1, 2 und 3 zeigen, wie der Igel gebastelt wird.

Material
Bauch und Körper:
• 1 stabiles Blatt.
Im Herbst nimmt man ein schönes buntgefärbtes

Blatt, das aber nicht bröseln darf, im Sommer ein frisches grünes Blatt.
• 1 halbe Handvoll trockenes, dünnes Moos, ersatzweise filziger Stoff.
Bei frischem Moos, das man im Rasen findet, die Erde gut abschütteln und es trocken werden lassen. Oder: Trockenes Moos im Bastelgeschäft kaufen.
Igelkopf:
• 1 Schalenhälfte von der Walnuß,
• 2 ungeschälte Kürbiskerne, ersatzweise Pappe,
• 1 Fruchtbecher von der Buche. In diesem stacheligen Gehäuse reifen die Bucheckern.
• Wasserfarbe und Pinsel.
Arme, Beine und Rücken:
• 4 halbe Kastanienschalen. Das sind die stacheligen Fruchtbecher der Kastanien.
• 20 bis 25 Kletten. Das sind die stacheligen Blütenstände der verschiedenen Klettenpflanzen.
• 4 Schaschlikstäbchen.
Hilfsmittel: Klebstoff.
Basteltip: Das Blatt wird der Igelbauch. Dem echten Igel am ähnlichsten sieht das gebastelte Stacheltier, wenn dieses Blatt oval ist. Dafür eignen sich deshalb die Blätter von der Haselnuß, Buche, Linde oder der Zaubernuß besonders gut.

1 Bauch und Körper des Igels: Die Rückseite des Blattes mit Klebstoff bestreichen. Das Moos so darauf ausbreiten, daß vom Blatt nichts mehr zu sehen ist. Vorsichtig andrücken.

2 Igelkopf: Den Buchekkern-Fruchtbecher als Schnauze auf die Walnußhälfte kleben. Als Augen die Kürbiskerne aufkleben und bemalen.
Die Schale helmartig zwischen Blattstiel und Moos klemmen (wenn's nicht hält: festkleben).

3 Arme, Beine und Rücken des Igels: Für die Arme und Beine je ein Schaschlik-stäbchen in die Kastanienschalen stecken. Die Stäbchen dicht am Blatt entlang ins Moos schieben. Wenn sie nicht halten, die Stäbchen vor dem Einstecken mit Klebstoff bestreichen. Für den Stachelrücken die Kletten dicht an dicht aufs Moos setzen.

Große Abbildung vom »Wettlauf« → Seite 32/33.

Der rasende Hase

Der erste Bastelschritt ist nicht ganz einfach, dann aber geht's leicht.

Wichtig: Wer im Umgang mit einem Ringbohrer nicht geübt ist, muß für die Löcher der Laufachse (→ Zeichnung 1) einen Erwachsenen um Hilfe bitten! Verletzungsgefahr!

Anleitung: Die Zeichnungen 1 bis 4 zeigen, wie der Hase gebastelt wird.

Material

Hasenkörper:
• 1 stabile Astgabel, insgesamt etwa 60 cm lang, dabei sollten die Gabel-Enden etwa 25 cm lang sein und möglichst eng beieinander stehen.

Laufachse (Zeichnung 1):
• 1 dickes Stück Möhre oder 1 Flaschenkorken,
• 1 Strohhalm.

Hasenkopf (Zeichnung 2 und 3):
• 1 Kiefernzapfen,
• 2 Möhren,
• 2 Hagebutten,
• 2 »Silberlinge« (→ Basteltip), ersatzweise kleine Stücke Transparent- oder Butterbrotpapier,
• 1 Haselnuß,
• 1 ungeschälter Kürbiskern,
• 1 grünes Buchenblatt.

Die rasenden Pfoten (Zeichnung 4):
• 20 Eicheln,
• 20 getrocknete braune Buchenblätter.

Hilfsmittel:
• 3 Schaschlikstäbchen,
• 20 Zahnstocher,
• 2 Stecknadeln mit dicken Köpfen,
• 30 cm Paketschnur,
• Klebstoff,
• Farben und Pinsel,
• Ringbohrer,
• Kinderschere.

Basteltip: Die »Silberlinge« werden häufig fürs Basteln oder auch als Dekoration in Blumensträußen und Gestecken verwendet. Jedes der silbrigen »Blättchen« ist eine

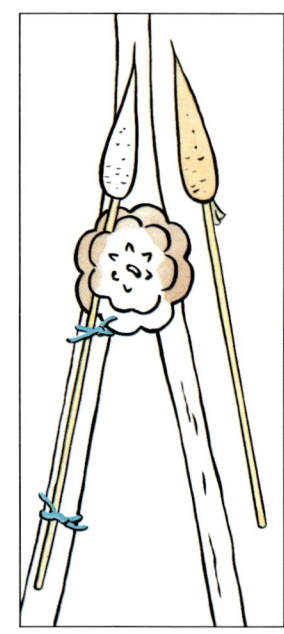

2| Hasenkopf: Den Kiefernzapfen in die Astgabel klemmen. Für die Ohren die Möhren auf Schaschlikstäbchen spießen. Die Stäbchen so zwischen die Zapfenschuppen schieben, daß sie parallel zu den Astgabel-Enden liegen. Dann mit Paketschnur daran festbinden.

Fruchtscheidewand, die im Herbst an der Silberblatt-Pflanze zu finden ist. Wer diese Pflanze nicht im Garten hat, kann die »Silberlinge« im Blumengeschäft kaufen.

1| Laufachse: Jeweils 4 cm über den Gabel-Enden ein Loch bohren. Schaschlikstab durch ein Loch führen, Strohhalmstücke und Möhrenstück darauf schieben, durchs andere Loch stecken. Die Achse muß sich locker drehen.

3 Hasengesicht: Für die Augen die »Silberlinge« oder das Transparentpapier zwischen die Zapfenschuppen schieben, wenn nötig festkleben. Dann mit je einer Kopfstecknadel die Hagebutten so daraufstecken, daß die Nadeln in den Schuppen Halt finden. Für die Zunge das grüne Buchenblatt zwischen die Zapfenschuppen kleben. Als Nase die Haselnuß, als Zahn den Kürbiskern aufkleben.

»Pfoten-Trick«

Die »rasenden Hasenpfoten« sind nichts anderes als ein Laufrad: Das Möhrenstück oder der Flaschenkorken ist die Radnabe. Die Holzstäbchen mit den Eichelfüßen bilden die Speichen. Damit der Hase richtig flitzen kann, muß man die Eichelfüße in zwei Reihen auf der Radnabe verteilen: Man steckt am besten zuerst ringsherum 10 Füße auf die linke Seite der »Nabe«. Auf der rechten Seite wird so gesteckt, daß die Eichelfüße immer auf Lücke zu den Füßen der linken Seite stehen. Die Füße stehen also nie parallel, sondern immer versetzt zueinander.

<u>Tip:</u> Am besten läuft der Hase auf einem Teppich. Auf glatten Fußböden rutscht er weg.

4 Die rasenden Pfoten: Die Eicheln mit dem Ringbohrer anbohren und zusammen mit jeweils einem Buchenblatt auf die Zahnstocher spießen. Auf das Möhrenstück nun alle Eichelfüße ringsherum und jeweils versetzt (→ Pfoten-Trick, oben) stecken.

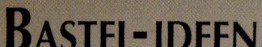
S.O.S.

die Außerirdischen haben die Raumstation besetzt, denn Olli vom Planet »Kürbis« will mit den Irdischen Geburtstag feiern. Alle Mann in die Raumschiffe, da oben ist mächtig was los. Startrampe frei zum Basteln? – Dann blättere die Seite um.

Bastel-Anleitungen → Seite 40, 41, 42 und 43.

Zapfen-Sputnik

Ganz einfach zu basteln.
Anleitung: Die Zeichnung
1 zeigt, wie der Sputnik
gemacht wird.

Material

• 1 Kiefernzapfen,
• 20 frische Maiskörner
oder bunte Knetkugeln,
• 20 Zahnstocher.
Hilfsmittel: Klebstoff.

Mais-Rakete

Ganz einfach zu basteln.
Anleitung: Die Zeichnung
2 zeigt, wie die Rakete
gebastelt wird.

Material

• 1 Maiskolben mit
Hüllblättern,
• 3 Schaschlikstäbchen.
Basteltip: Harte Maiskol-
ben vorbohren.

Große Abbildung
der »Raumstation«
→ Seite 38/39.

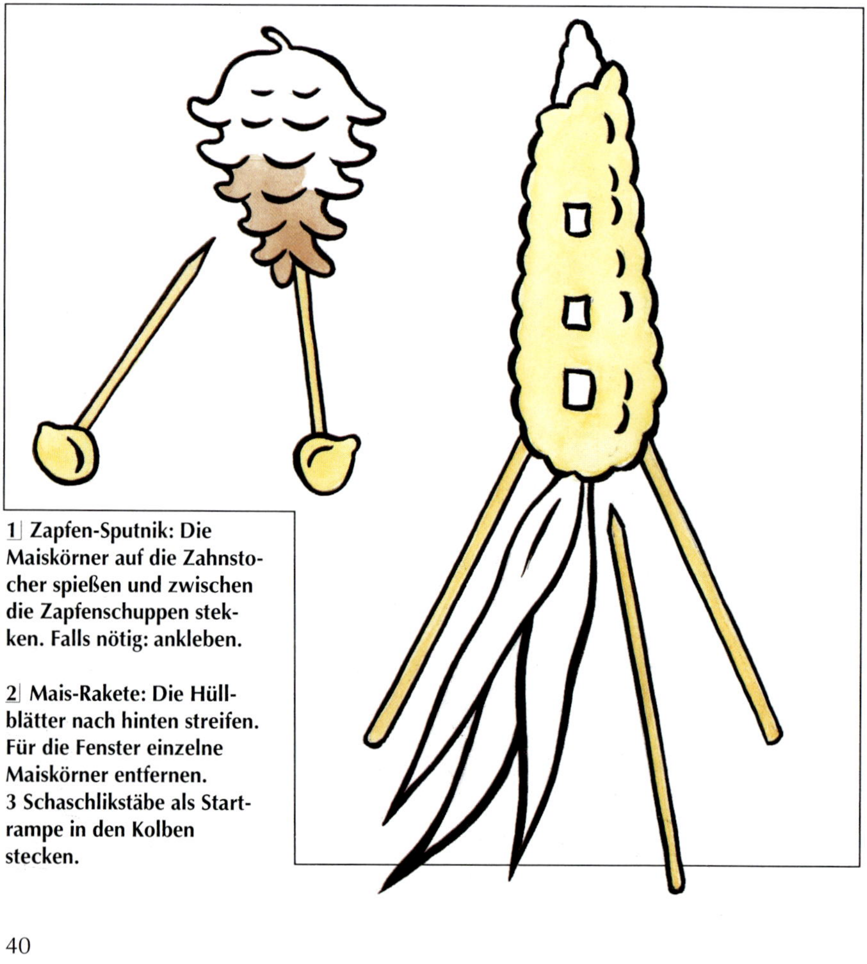

1| **Zapfen-Sputnik: Die
Maiskörner auf die Zahnstocher spießen und zwischen
die Zapfenschuppen stek-
ken. Falls nötig: ankleben.**

2| **Mais-Rakete: Die Hüll-
blätter nach hinten streifen.
Für die Fenster einzelne
Maiskörner entfernen.
3 Schaschlikstäbe als Startrampe in den Kolben
stecken.**

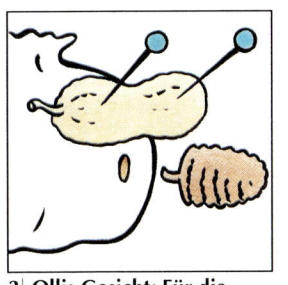

3 Ollis Gesicht: Für die Augen die Erdnuß mit 2 Kopfstecknadeln an der Mohnkapsel feststecken. Die Augen anmalen. Als Nase den Stiel des Zapfens in die Kapsel drücken. Falls der Stiel abgebrochen ist, Zapfen ankleben.

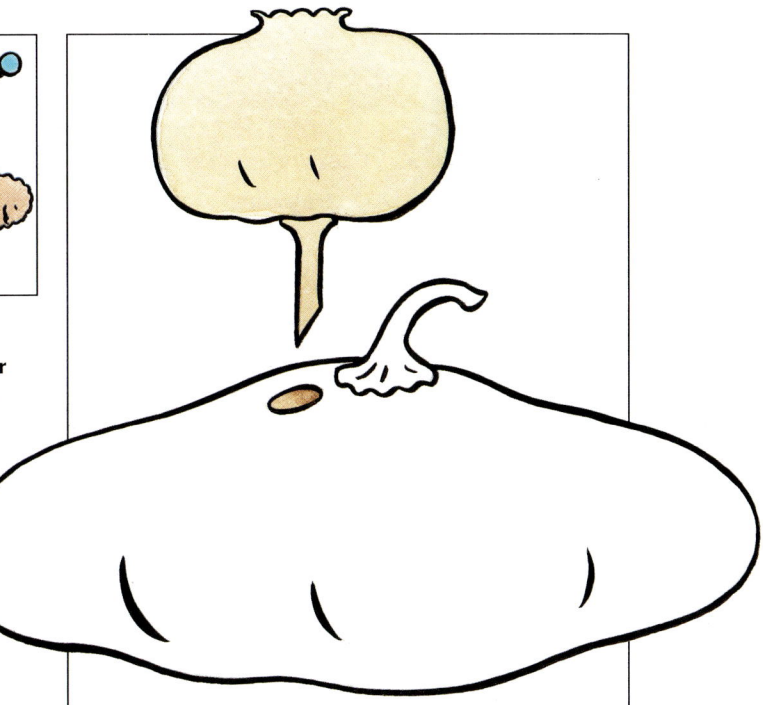

Olli vom Planet »Kürbis«

Ganz einfach zu basteln. Anleitung: Die Zeichnungen 3, 4 und 5 zeigen, wie der »Außerirdische« gebastelt wird.

Material

- 1 flacher Zierkürbis,
- 1 große Mohnkapsel (aus dem Bastelgeschäft!),
- 1 ungeschälte Erdnuß,
- 1 gedörrte Apfelscheibe,
- 1 Erlenzapfen mit Stiel,
- Fruchtbecher mit Nüssen von der Baumhasel oder Wollreste,
- 1 ausgepreßte Apfelsinenhälfte,

4 Ollis Kopf und Bauch: Den Stiel der Mohnkapsel schräg anschneiden und vorsichtig in den Kürbis drücken.
Als Haare die Haselfrüchte aufstecken oder ankleben. Den Kürbis auf die Apfelsinenhälfte setzen. Wer will, kann Olli noch weiter ausstaffieren, zum Beispiel mit bemalten Walnüssen und einem »Ausleger« aus einem langen Blattstiel, an dem eine Erdnuß befestigt ist. Und bunt anmalen kann man ihn natürlich auch.

Hilfsmittel: Etwa 10 Kopfstecknadeln, Farben, Kinderschere.

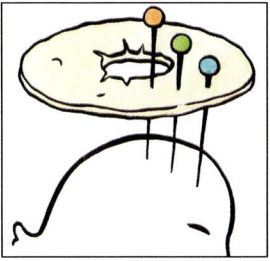

5 Ollis Lauscher: Gedörrte Apfelscheibe mit 3 Kopfstecknadeln an der Mohnkapsel befestigen und anmalen.

Große Abbildung der »Raumstation« → Seite 38/39.

Lampion-Sonde

Ganz einfach zu basteln.
Anleitung: Die Zeichnungen 1 und 2 zeigen, wie die Sonde gebastelt wird.

Material

- 1 Fichtenzapfen,
- 6 Früchte von der Lampionblume,
- 4 Ahornflügel-Hälften (»Nasenzwicker«),
- 6 Zahnstocher,
- 3 Schaschlikstäbchen.

Hilfsmittel: Klebstoff.

Mais-Radar

Ganz einfach zu basteln.
Anleitung: Die Zeichnung 3 zeigt, wie's gemacht wird.

Material

- 1 Stück Maiskolben,
- 1 Hagebutte,
- 1 Zahnstocher,
- 3 Schaschlikstäbchen.

Zapfen-Sonde

Ganz einfach zu basteln.
Anleitung: Die Zeichnung 4 zeigt, wie die Sonde gebastelt wird.

Material

- 1 Fichtenzapfen,
- 4 Fruchtstände von Gräsern, zum Beispiel Ährenstückchen von Segge, Gerste oder Roggen,
- 4 Zahnstocher,
- 3 Schaschlikstäbchen.

Hilfsmittel: Klebstoff.

Zapfen-Ufo

Ganz einfach zu basteln.
Anleitung: Die Zeichnung 5 zeigt, wie das Ufo gemacht wird.

Material

- 1 Kiefernzapfen,
- 7 trockene, geflügelte Lindenfrüchte oder trokkene Gräser,
- 7 Zahnstocher.

Hilfsmittel: Klebstoff.

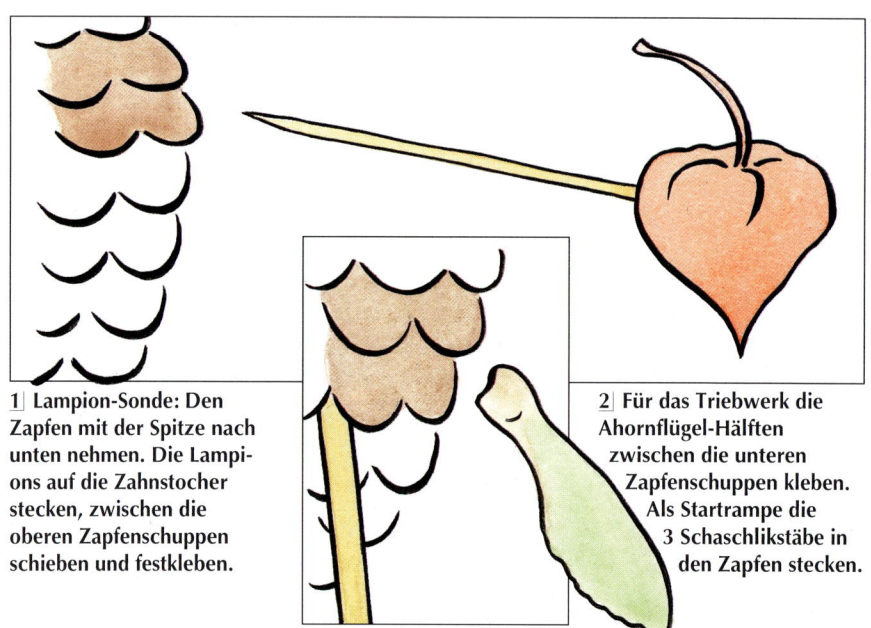

1 Lampion-Sonde: Den Zapfen mit der Spitze nach unten nehmen. Die Lampions auf die Zahnstocher stecken, zwischen die oberen Zapfenschuppen schieben und festkleben.

2 Für das Triebwerk die Ahornflügel-Hälften zwischen die unteren Zapfenschuppen kleben. Als Startrampe die 3 Schaschlikstäbe in den Zapfen stecken.

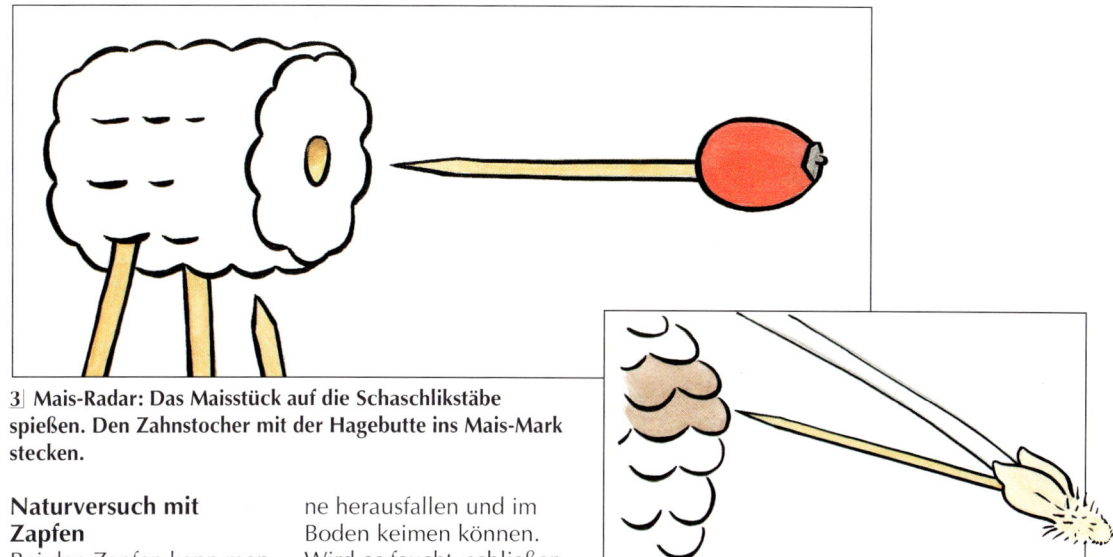

3 Mais-Radar: Das Maisstück auf die Schaschlikstäbe spießen. Den Zahnstocher mit der Hagebutte ins Mais-Mark stecken.

Naturversuch mit Zapfen

Bei den Zapfen kann man einen »Trick« der Natur gut beobachten:

Der Versuch: Lege einen Zapfen mit geöffneten Schuppen bei Regen ins Freie. Wenn Du nach 1 bis 2 Stunden den Zapfen anschaust, wirst Du sehen, daß sich die Schuppen geschlossen haben. Bringst Du den Zapfen dann ins warme Zimmer, öffnen sich die Schuppen langsam wieder.

Die Erklärung: Mit diesem »Mechanismus« sichern die Nadelbäume ihre Fortpflanzung. Zwischen den Schuppen befinden sich nämlich bei reifen Zapfen die Samenkerne. Wenn es trocken und warm ist, öffnen sich die Schuppen, damit die Kerne herausfallen und im Boden keimen können. Wird es feucht, schließen sie sich wieder, um zu verhindern, daß die Samen durch die Feuchtigkeit verderben.

4 Zapfen-Sonde: Den Zapfen auf die 3 Schaschlikstäbchen setzen. Auf die Zahnstocher die Ährenstückchen spießen und zwischen die Zapfenschuppen schieben. Wenn nötig: kleben.

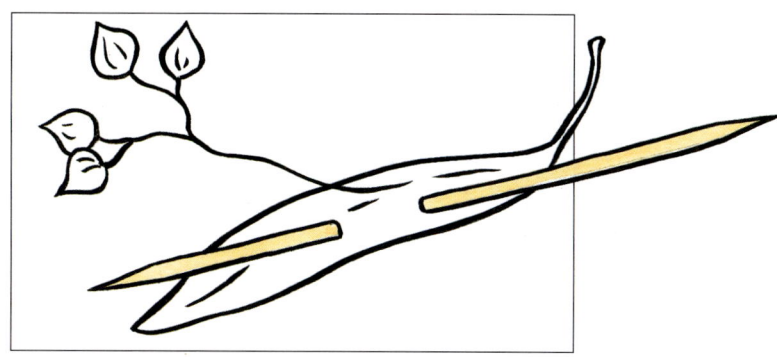

5 Zapfen-Ufo: Die Zahnstocher durch die Flügel der Lindenfrüchte stecken und im Zapfen befestigen.

Hü! Pferdchen

lauf, morgen ist Weihnachten. Alle Kinder warten auf
ihre Geschenke. Den Weg
finden wir schon, die Engel
haben Laternen aufgestellt.
Und jetzt im Galopp zum
Basteln? – Dann blättere
die Seite um.

**Bastel-Anleitungen → Seite
46, 47, 48 und 49.**

Der Weihnachtsmann und seine Kutsche

Einfach zu basteln.

Anleitung: Die Zeichnungen 1 und 2 zeigen, wie der Weihnachtsmann gebastelt wird. Die Zeichnungen 3, 4 und 5 erklären, wie man die Kutsche baut.

Hinweis: Tips fürs Basteln mit harten Früchten wie Eicheln → Seite 56/57.

Große Abbildung dieser »Weihnachtsgeschichte« → Seite 44/45.

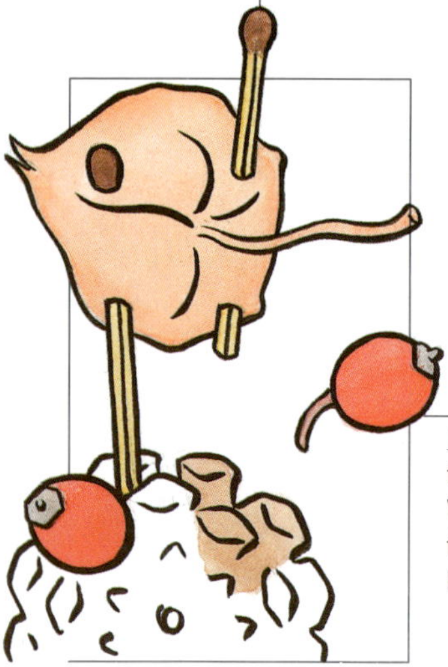

Material

Weihnachtsmann:
- 1 rotbackiger Apfel,
- 4 Dörrpflaumen,
- 2 Eicheln,
- 2 Hagebutten,
- 1 Kiefernzapfen,
- 1 Frucht von der Lampionblume,
- 7 Streichhölzer,
- Watte.

Kutsche:
- 5 ganze Walnüsse,
- 1 längliches, gewölbtes Stück Rinde, am besten von der Fichte,
- 1 getrockneter Apfelring,
- 1 Kastanie,
- 3 Zahnstocher,
- 1 Stück Knetmasse.

Basteltip: Bereite alle Teile für den Weihnachtsmann so vor:
- Für die Arme die Dörrpflaumen auf die Streichhölzer stecken.
- Für die Beine die Eicheln durchbohren und auf die Streichhölzer schieben. Helfen lassen, wenn Du mit dem Ringbohrer nicht zurechtkommst!
- Für den Kopf 1 Streichholz als Hals in die Schuppen des Kiefernzapfens stecken. Die beiden Hagebutten als Augen zwischen die Schuppen stecken. Für den Hut 2 Streichhölzer durch die Lampionfrucht spießen.
- Alles so hinlegen wie die Zeichnungen 1 und 2 zeigen.

1 und 2 Weihnachtsmann: Alle vorbereiteten Materialien zusammenstecken. Den Wattebart anbringen. Wenn die Kutsche fertig ist, den Weihnachtsmann auf den Kastaniensitz setzen.

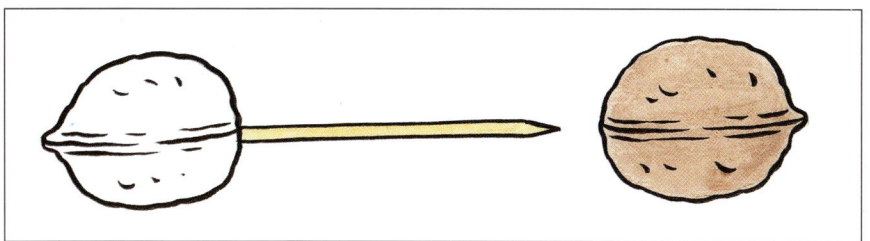

3 Für die Radachsen jeweils 2 Walnüsse auf einen Zahnstocher spießen.

4 Für die Kutsche nun die Fichtenrinde auf die Radachsen legen und die Walnüsse so zusammenschieben, daß die Rinde eingeklemmt wird.

5 Als Kutschenlenkung die Walnuß auf einen Zahnstocher spießen, den Apfelring aufsetzen. Die Knetmasse formen und das untere Ende des Zahnstochers hineinstecken. Dann »Lenkung« auf die Rinde drücken.

Bäumchen basteln

Bäume, ja ganze Wäldchen sind schnell gebastelt: Man formt Knetmasse so, daß sie sicher auf der Unterlage steht und einen kleinen Hügel bildet. Kleine Nadelzweige werden dann einfach in die Knetmasse gesteckt. Am leichtesten geht es, wenn man mit einem Streichholz ein Loch bohrt, den Zweig hineinsteckt und die Knetmasse rundum andrückt.
In gleicher Weise kann man auch Bäumchen mit Laubzweigen oder nur aus Blättern bauen (→ Fotos Seite 32/33 und Seite 64).

Große Abbildung dieser »Weihnachtsgeschichte« → Seite 44/45.

Pferdchen

Ganz einfach zu basteln.
Anleitung: Die Zeichnungen 1 und 2 zeigen, wie das Pferdchen gebastelt wird.

Material

* 2 Astgabeln,
* 1 Fichtenzapfen,
* 1 Dörrpflaume,
* 1 Fruchtbecher von der Buche, in diesem stacheligen Gehäuse reifen die Bucheckern,
* 2 gerade gewachsene dünne Zweige, etwa 25 cm lang,
* 1 rotes Band, etwa 20 cm lang,
* 2 Streichhölzer.

Laterne

Ganz einfach zu basteln.
Anleitung: Die Zeichnung 3 zeigt, wie die Laterne gebastelt wird.

Material

* 1 Frucht mit Stengelstück von der Lampionblume,
* 1 Zahnstocher,
* 1 Stück Knetmasse.
Basteltip: Falls der Lampion keinen Stengel mehr hat, spießt Du ihn einfach auf den Zahnstocher oder auf ein Schaschlikstäbchen.

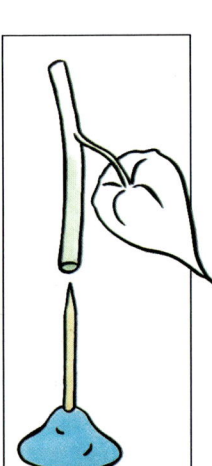

3│ Laterne: Zahnstocher in die Knetmasse stecken und Lampionstengel darüberschieben.

1│ Pferdekörper: Auf das vordere und hintere Ende des Zapfens je eine Astgabel setzen und den Zapfen darin gut festklemmen. Als Geschirr die Zweige mit dem roten Band festbinden.

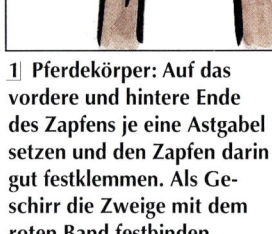

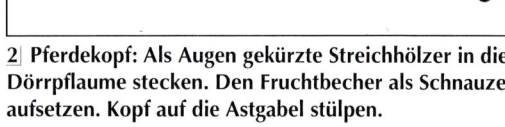

2│ Pferdekopf: Als Augen gekürzte Streichhölzer in die Dörrpflaume stecken. Den Fruchtbecher als Schnauze aufsetzen. Kopf auf die Astgabel stülpen.

4| Engelskopf: Als Augen 2 Streichhölzer kürzen und in die Kastanie stecken. Für den Heiligenschein den Apfelring auf 2 Streichhölzer spießen und von hinten in die Kastanie drücken.

Der Weihnachtsengel

Ganz einfach zu basteln.
<u>Anleitung:</u> Die Zeichnungen 4 und 5 zeigen, wie der Engel gebastelt wird.

Material

- 4 Kastanien,
- 2 Blätter, am besten von der Buche,
- 1 getrockneter Apfelring,
- 1 stacheliger Fruchtbecher von der Buche,
- 3 Zahnstocher,
- 4 Streichhölzer,
- Knetmasse.

<u>Basteltip:</u> Harte Kastanien muß man vorbohren (→ Bastel-Tricks, Seite 56). Wenn nötig, von einem Erwachsenen dabei helfen lassen!

5| Der Engelskörper: Die Beine aus 2 Zahnstochern und 2 Kastanien zusammenbauen, in den Kastanienbauch stecken. Mit einem Zahnstocher den Kopf und die über Kreuz gelegten Blätter-Flügel ebenfalls in den Bauch stecken. Damit der Engel sicher steht, seine Füße fest auf ein Stück Knetmasse setzen.

Fritz, der Dino

Schwierig zu basteln.
Anleitung: Die Zeichnungen 1 bis 6 zeigen, wie Dino gebastelt wird. Er ist vom Kopf bis zum Schwanz etwa 60 cm lang und vom Fuß bis zu den Rückenzacken etwa 25 cm hoch.
Hinweis: Fast genauso wird Susi Saurier (→ Seite 1) gebastelt.

Große Abbildung von Fritz, dem Dinosaurier
→ Seite 64

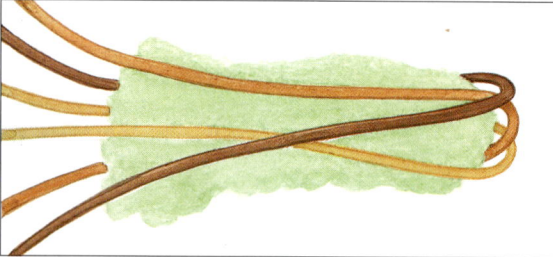

1 Dino-Kopf: 5 etwa gleichlange Ranken in der Mitte auf die Hand nehmen und ein längliches Moosbüschel darauflegen Die obere Rankenhälfte so über das Moos legen, daß Schlaufen entstehen, zwischen denen das Moos steckt. Die Rankenschlaufen rings ums Moos herum gleichmäßig verteilen.

Material

Für den Körper:
• 20 etwa 1,20 m lange frische Ranken vom Knöterich, ersatzweise frische Ranken der Stangenbohne oder Blumendraht von der Rolle,
• ein dicker Packen Moos, frisches Gras, Heu, ersatzweise normale Holzwolle oder grüne Osternestwolle.
• 4 Schaschlikstäbchen,
• 15 bis 20 Kelchblätter der Artischocke.
Für das Gesicht:
• 2 Kürbiskerne, ersatzweise Pappe,
• 2 Walnußschalen,
• 2 Erbsen oder bunte Holzperlen.
Hilfsmittel: Klebstoff, Farbe und Pinsel, Schnur, Buntpapier, Kinderschere.
Achtung: Allergiker dürfen keinen Knöterich nehmen!

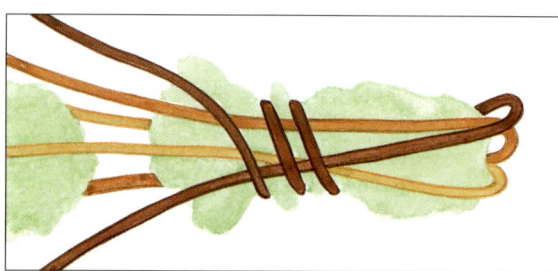

2 Dino-Hals: Mit einem Ranken-Ende die Schlaufen mit dem Moos mehrere Male umwickeln. Nun wiederum ein längliches Moosbüschel zwischen die Ranken stopfen und wieder mit einem Ranken-Ende umwickeln. Dabei immer alle Ranken fest in der Hand halten. Wenn beim Wickeln eine Ranke bricht, einfach eine andere nehmen.

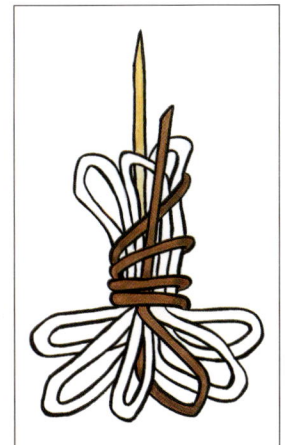

5 Dino-Beine: 2 Ranken falten und mit einer Ranke umwickeln. Einen Schaschlikstab senkrecht in die Ranken stecken. Das Stäbchen-Ende und die oberen Ranken-Enden fest in den Moosbauch drücken. Vorsicht, das Stäbchen kann oben wieder herauskommen. Füße aus Buntpapier unterlegen.

3 Dino-Körper: Das Ranken-Ende von der »Halswicklung« ins Moos stecken, damit die Wicklung nicht aufspringt. Nun alles auf den Tisch legen und für den Bauch einen dicken Packen Moos zwischen die Ranken stecken. Dann mit Ranken-Enden das Moos Stück um Stück fest umwickeln. Bei der ersten Wicklung das Moos fest in Richtung Hals drücken, beim weiteren Wickeln das Moos immer wieder dinomäßig formen. Ist eine Ranke zu kurz zum Wickeln geworden oder bricht sie, das Ende einfach ins Moos stecken und eine andere nehmen. Die verbleibenden Enden bilden den Schwanz, der fest mit einer Ranke umwickelt wird. Zum Schluß die Augen aus den Walnußschalen und den Kürbiskernen aufkleben und anmalen. Die Erbsen (oder Perlen) als Nüstern ankleben.

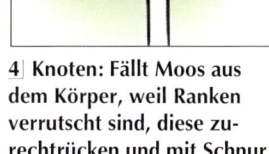

4 Knoten: Fällt Moos aus dem Körper, weil Ranken verrutscht sind, diese zurechtrücken und mit Schnur umknoten.

6 Dino-Zacken: Kelchblätter der Artischocke unten schräg anschneiden.

51

Gewußt wie,...

man Blätter preßt, Holz-
stäbchen in harte Kastanien
steckt und was sonst noch fit
zum Basteln macht.

Blätter trocken bügeln
Foto 1
Frische Blätter behalten ihre Farbe und Form, wenn man sie mit dem Bügeleisen vorsichtig trocken bügelt.
An der Luft getrocknete Blätter kräuseln sich und werden oft unansehnlich. Ledrige Blätter, zum Beispiel Blätter von der Platane, der Buche oder der Eiche, sind für diese Art des Trocknens am besten geeignet. Sie sind nach dem Bügeln immer noch sehr stabil, so daß sie beim Basteln weniger leicht brechen als weiche Blätter.

1| Blätter kann man mit einem Bügeleisen gut trocken bügeln. Das Blatt zwischen saugfähiges Papier legen und mit einem lauwarmen Bügeleisen bügeln. Das Blatt ab und zu wenden.

Wichtig: Das Bügeleisen nur auf »Wolle« stellen, sonst werden die Blätter braun.

2| Diese einfache Pflanzenpresse aus Holzplatten und Flügelschrauben kann man selber bauen oder kaufen.

Blätter in der Presse
Foto 2
Die Pflanzenpresse besteht aus zwei dicken Holzplatten. Sie haben in den Ecken Löcher, durch die man die Schrauben steckt. Zusammengepreßt werden die Platten mit Hilfe von Unterlegscheiben und Flügelmuttern.
Zum Pressen legt man die Blätter so auf eine dicke Lage Zeitungspapier, daß sie sich nicht berühren. Dann deckt man sie mit ebensoviel Papier ab. Die Presse in einen warmen Raum stellen.
Tip: Wenn Du mehrere Lagen übereinander stapeln willst, darauf achten, daß jede Papierschicht mindestens einen halben Zentimeter dick ist. Die einzelnen Schichten mit einem heraushängenden Papierstreifen markieren, damit Du später die Blätter schnell wiederfindest.

3| Blätter vor dem Trocknen falten und die Falte mit Büroklammern zusammenhalten, bis das Blatt getrocknet ist.

Blätter falten
Foto 3
Wenn Blätter eine bestimmte Form bekommen sollen, faltet man sie, solange sie frisch sind.
Dann werden sie gepreßt oder an der Luft getrocknet. Anschließend wird damit weitergebastelt. Ein Beispiel dafür sind die Flügel des Doppeldecker-Flugzeuges, das auf Seite 16 abgebildet ist.
Hilfsmittel fürs Falten: Büroklammern, wenn man die Blätter pressen will.
Wenn man die Blätter an der Luft trocknet, reichen Wäscheklammern.

Blätter im Buch pressen

Foto 4

Erste Möglichkeit: Ein dik-
kes altes Buch nehmen,
das Flecken abbekommen
kann und sehr saugfähi-
ges Papier enthält.

Die Pflanzenteile, die gepreßt werden sollen, müs-
sen trocken sein.

Um die Saugfähigkeit zu
verbessern, kann man auf
die Buchseiten Löschpa-
pier, Toiletten- oder Kü-
chenpapier legen. Dann
die Pflanzen so darauf
verteilen, daß sie sich
nicht berühren und noch
eine Lage aus saugfähi-
gem Papier darüberlegen.
Das Buch dann vorsichtig
zuklappen und mit ande-
ren Büchern beschweren.
Die »Buchpresse« immer
im warmen Zimmer auf-
stellen. Dann trocknen
die Pflanzen schnell, wo-
durch sie ihre natürliche
Farbe behalten.

Zweite Möglichkeit: Falls
Du keine alten, saugfähi-
gen Bücher zur Verfügung

5| **Wenn man Blätter bemalen will, müssen sie trocken sein. An feuchten Blättern hält die Farbe schlecht.**

4| **Blätter lassen sich gut in alten Büchern trocknen und pressen.**

hast, legst Du die Pflan-
zen zwischen dicke
Schichten aus Zeitungs-
papier und beschwerst sie
mit mehreren Büchern.

Tip: Wenn Du dicke, flei-
schige Pflanzen pressen
willst, mußt Du die Lagen
aus Zeitungspapier oder
anderem saugfähigen Pa-
pier alle 2 bis 3 Tage er-
neuern. So wird verhin-
dert, daß die Pflanzen,
die ja viel Feuchtigkeit
abgeben, schimmeln.

Blätter bemalen

Foto 5

Die Blätter müssen trok-
ken sein. Gut geeignet
zum Bemalen sind Was-
serfarben oder Plakafar-
ben, die man mit einem
weichen Pinsel aufträgt.
Damit die Farbe gut hält,
immer viel Farbe und we-
nig Wasser nehmen.

Tip: Keine Buntstifte oder
Malkreide nehmen, damit
zerreißt man leicht die
Blätter.

55

Eichelhütchen aufkleben

Foto 1

Wenn die reifen Eicheln vom Baum fallen, bleiben ihre Fruchtbecher (die »Eichelhütchen«) noch eine Zeitlang am Baum hängen. Sie fallen erst später herunter. Nimm beim Eichelnsammeln auch immer ein paar ihrer Hütchen mit. Man kann daraus nämlich lustige Figuren basteln, zum Beispiel die Ruderer des Piratenschiffs, das auf Seite 22/23 abgebildet ist. Eicheln und Hütchen müssen trocken sein, bevor man sie zusammenklebt. Und probiere erst aus, ob das Hütchen auf die Eichel paßt. Geklebt wird mit einem Alleskleber, aber natürlich einem ohne Lösungsmittel darin (gibt es im Papier- oder Bastelgeschäft). Man braucht nur wenig Kleber in das Hütchen streichen.

Achtung
Ganz ohne Handwerkszeug kommt man beim Basteln nicht aus. Doch der ungeübte Umgang damit birgt Verletzungsgefahren. Deshalb mußt Du Dir manche Handgriffe erst einmal zeigen lassen.

1| Die Fruchtbecher der Eicheln, die »Eichelhütchen«, kann man mit einem lösungsmittelfreien Klebstoff aufkleben.

Mit weichen Kastanien basteln

Foto 2

Kastanien, die gerade frisch vom Baum gefallen sind, haben oft noch eine so weiche Schale, daß man spitze Hölzchen leicht hineinstecken kann. Aber trotzdem gut aufpassen: Lege die Kastanie auf den Tisch und nimm sie fest zwischen 2 Finger. Setze das Hölzchen in die Mitte der Kastanie und durchbohre mit ganz leichtem Druck vorsichtig die Schale. Dann das

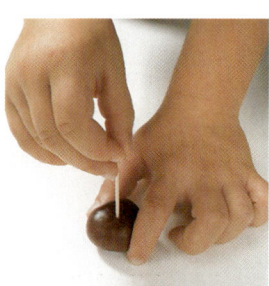

2| So steckt man Holzstäbchen in frische, weiche Kastanien.

3| So werden harte, trockene Kastanien vorgebohrt.

Hölzchen langsam in die Kastanie drücken. Niemals fest oder ruckartig drücken, sonst rutscht das Hölzchen ab und Du verletzt Dich möglicherweise.

<u>Wichtig:</u> Läßt sich das Hölzchen nicht ganz leicht in die Kastanien stecken, versuche es besser nicht weiter, sondern bohre mit Hilfe eines Ringbohrers ein Loch vor.

5| Ein Zapfen-Männchen ist schnell gebastelt, wenn man für die Arme einen Blumendraht um den Zapfen schlingt.

4| Bei Walnüssen steckt man die Stäbchen auf der flachen Seite der Nuß ein

Harte Kastanien vorbohren
Foto 3

Die Schalen vieler Kastanien sind so fest, daß man mit Hilfe eines Ringbohrers ein Loch vorbohren muß, in das dann die Hölzchen gesteckt werden.

Achtung Verletzungsgefahr: Laß Dir das Anbohren oder Durchbohren von Früchten unbedingt

erst von einem Erwachsenen zeigen.

<u>Zum Bohren</u> legt man die Kastanie auf den Tisch (Holzbrettchen unterlegen!), hält sie gut fest und durchsticht zuerst mit der Bohrerspitze ihre Schale. Dann dreht man den Bohrer mit leichtem Druck in die Kastanie hinein. Genauso werden Eicheln angebohrt oder durchbohrt.

Mit Walnüssen basteln
Foto 4

Es gibt nur eine einzige Stelle an der Walnuß, in die man Stäbchen hineinstecken kann. Das ist dort, wo die Nuß an ihrem Stiel hing, also auf der flachen Seite der Nuß. Zwischen den Schalen ist dort eine weiche Stelle, in die man das Hölzchen mit leichtem Druck gut einstecken kann.

Mit Zapfen basteln
Foto 5 und 6

Aus Zapfen lassen sich die phantasievollsten Figuren basteln (→ Raumstation, Seite 38/39).

<u>Zapfen-Tips:</u> Am besten kann man mit Zapfen basteln, deren Schuppen geöffnet sind. Geschlossene Zapfen erst an einem warmen Platz trocknen lassen, damit sich die Schuppen öffnen.

• Drähte oder Schnüre immer zwischen die Zapfenschuppen schieben; nicht auf die Schuppen setzen, das hält nicht und die Schuppen brechen ab.

• Holzstäbchen zwischen die Schuppen stecken und vorsichtig so weit hineinschieben, bis sie im Holz Halt finden.

• Will man Hölzchen zwischen die Zapfenschuppen kleben, das Hölzchen erst mit Kleber bestreichen und dann zwischen die Schuppen stecken.

Lagertip

Willst Du Kastanien, Zapfen oder andere Früchte länger aufheben, mußt Du sie richtig trocken werden lassen und dann trocken und dunkel aufbewahren. Haben Kastanien nach längerem Lagern ihren Glanz verloren, polierst Du sie einfach mit einem weichen Tuch.

6| Für die Augen steckt oder klebt man Hagebutten in den Zapfen.

Rinden beweglich verbinden

Foto 1 bis 3

Vor allem aus gewölbten Rinden lassen sich Kisten, Kästen und Truhen leicht basteln, so zum Beispiel die Schatztruhe auf Seite 23, auf die Käpten Huck Jagd macht.

Als Scharniere kannst Du dünne Weidenruten oder Paketschnur verwenden. Die Löcher für die Scharniere müssen in den Rindenteilen so plaziert sein, daß sie einander gegenüber- oder übereinanderliegen, damit man die Ruten oder Schnur parallel durchziehen kann. Zum Bohren die Rinde auf ein Brett legen und mit ganz leichtem Druck bohren, damit die Rinde nicht auseinanderbricht. Tip: Bei stark zerklüfteten Rinden sehr vorsichtig bohren. Vor allem wenn man in tiefen Spalten bohrt, reißt die Rinde leicht.

Rinden kleben

Die Rinden müssen trocken, staubfrei und von losen Teilen befreit sein. Am besten nimmt man schnelltrocknenden Holz- oder Bastelleim und bestreicht mit dem Pinsel gleichmäßig dünn beide Teile. Vorsichtig zusammenpressen, mit Schnur zusammenhalten. Nach etwa einer halben Stunde kann man die Schnur entfernen.

Rinden-Basteltips

Einfaches Schiff: Rinden schwimmen sehr gut. Am besten eignet sich eine größere gewölbte Rinde, die man auch gut mit einer Ladung versehen kann. Für den Mast wird ein Loch in die Rinde gebohrt. In das Loch einen Zweig oder einen Strohhalm stecken und ein Segel aus einem Blatt oder aus buntem Papier anbringen. Solche Schiffe sind schnell gebaut, ein wenig mehr Zeit brauchst Du für das Piratenschiff (→ Seite 22/23).

Rindenfiguren: Wenn Du Rinden sammelst, achte einmal genauer auf ihre Form. Bei vielen Rindenstücken kann man schon Figuren erkennen, die man mit wenigen Mitteln vollenden kann. Oft genügen schon Hölzchen als Beine und Arme, dazu zwei Hagebutten als Augen, und schon ist das Männchen perfekt.

3| **Für bewegliche Rindenverbindungen eignen sich dünne Weidenruten.**

Tips fürs Basteln mit Zweigen

Zweige braucht man beim Basteln für die unterschiedlichsten Zwecke. Man kann daraus Deichseln für Wagen und Kutschen herstellen, einen Schiffsmast bauen oder den Rumpf für ein Flugzeug.

Ideal, weil vielseitig verwendbar, sind Zweige vom Holunder, die ein weiches Mark haben, in das man Hölzchen oder Nadeln problemlos hineinstecken kann.

Mit den biegsamen, gerade gewachsenen Ruten von der Weide oder der Haselnuß kann man Körbchen flechten oder Kränze winden, sie als Arme und Beine in Kastanien oder Zapfen stecken.

1| **Rinden am besten mit der Hand in Form brechen, schneiden ist nicht nötig.**

2| **Will man Rinden beweglich verbinden, muß man Löcher vorbohren.**

4| Zweige oder dünne Äste müssen mit der richtigen Schere geschnitten werden. Gut eignet sich eine Gartenschere.

Zweige schneiden
Foto 4

Dünne trockene Zweige kann man leicht brechen. Dickere oder frische, feuchte Zweige, muß man schneiden.

Wichtig dabei ist das richtige Handwerkszeug. Am sichersten zu handhaben ist eine kleine Garten-

schere oder Rosenschere. Wenn man einmal weiß, wie man diese Scheren richtig handhabt, kann man damit auch dickere Zweige leicht durchschneiden.

<u>Wichtig:</u> Laß es Dir beim ersten Mal unbedingt von einem Erwachsenen zeigen.

Zweige verbinden
Foto 5

Mit Zweigen kann man allerlei zum Spielen bauen, zum Beispiel eine Leiter, eine Brücke, ein Floß oder einen Zaun. Für diese Gegenstände muß man die Zweige immer zusammenbinden, Klebstoff hält auf der glatten Rinde nicht.

Eine stabile Verbindung, die nicht verrutscht, bekommst Du, wenn Du die Schnur immer kreuzweise um zwei Zweige wickelst und die Enden fest verknotest.

5| **Wenn man Zweige, zum Beispiel für eine Leiter oder eine Brücke, zusammenbinden will, die Schnur immer kreuzweise um die Zweige wickeln, dann verrutschen sie nicht. Die beiden Schnur-Enden gut verknoten.**

Zweig-Mobile
Dazu braucht man einen bizarr geformten Zweig, Schnur und Zapfen. Binde 4 oder 5 Zapfen mit unterschiedlich langen Schnüren an den Zweig. Dann bringst Du die Schnur zum Aufhängen so an, daß das Mobile im Gleichgewicht ist. Statt der Zapfen kannst Du auch Blätter oder andere leichte Dinge verwenden.

REGISTER

Die **halbfett** gesetzten Seitenzahlen verweisen auf Farbfotos.

Neu entdecken.
Hautnah erleben.

Blitzende Augen, weißer Latz und schwarze Stiefelchen: Meister Reineke ist kein geheimnisvolles Fabeltier – sondern ein schlauer, pfiffiger und sympathischer Räuber aus Fleisch und Blut! Unterhaltsame Einblicke in sein Leben bilden die Grundlage für eine spannende Spurensuche – denn der Fuchs lebt ganz in unserer Nähe!
24,80 DM/194,- öS/25,30 sfr.

Katrin Behrend
Felix Labhardt

GU TIER-ERLEBNISSE

DER FUCHS

Den schlauen Fuchs kennenlernen, erleben und verstehen.
Ratgeber: Füchse beobachten und fotografieren.

Helga Hofmann

GU TIER-ERLEBNISSE

DER IGEL

Unser geliebtes Stacheltier – kennenlernen, erleben, schützen.
Ratgeber: Igel überwintern in Haus und Garten.

Zum "Einigeln" spannend: unterhaltsames Lesevergnügen, Augenschmaus – und nicht zuletzt ein wertvoller Ratgeber, wenn's um Igelhilfe mit Herz und Verstand geht. Denn wir können eine Menge für unseren stacheligen Freund tun, nicht nur im Winter!
24,80 DM/194,- öS/25,30 sfr.

Stand: 1.1.1993. Änderungen und Irrtum vorbehalten.

Mehr draus machen.
Mit GU.

Dank
Autor und Verlag danken Claudia Wörner, Andreas Armin Dorfey sowie den Kindern Christoph Teubner und Katharina Gössl, David Schulz für ihre Unterstützung.

Literatur, die weiterhilft

Aas, G./Riedmiller, A.: *GU Naturführer Bäume*. Gräfe und Unzer Verlag, München.

Aas, G./Riedmiller, A.: *GU Naturführer Laubbäume*. Gräfe und Unzer Verlag, München.

Buff, W./Dunk, K.v.d.: *Giftpflanzen in Natur und Garten*. Paul Parey Verlag, Berlin.

Frohne, D./Pfänder, H.J.: *Giftpflanzen*. Wissenschaftliche Verlagsgesellschaft mbH, Stuttgart.

Grau/Kremer/Möseler/Rambold/Triebel: *Gräser*. Mosaik Verlag, München.

Kremer, Bruno P.: *GU Naturführer Waldblumen*. Gräfe und Unzer Verlag, München.

Kremer, Bruno P.: *GU Naturführer Wiesenblumen*. Gräfe und Unzer Verlag, München.

Mosaik Kreativ: *Das Dinosaurierbastelbuch*. Mosaik Verlag, München.

Schnelting, K. (Hrsg.): *Unsere Bäume – pflanzen, pflegen, erhalten*. Gräfe und Unzer Verlag, München.

Weimar, M.: *Pflanzenschmuck für Advent und Weihnachten selber machen*. Gräfe und Unzer Verlag, München.

Zauner, G.: *GU Kompaß Laubbäume*. Gräfe und Unzer Verlag, München.

Zauner, G.: *GU Kompaß Nadelbäume*. Gräfe und Unzer Verlag, München.

Zauner, G.: *GU Kompaß Sträucher in Natur und Garten*. Gräfe und Unzer Verlag, München.

Bücher für Kinder

Biste, G./Freitag, P.: *Meyers Großes Kinderlexikon*. Bibliographisches Institut, Mannheim.

Bräunig, C.: *Kinder bakken selber*. Gräfe und Unzer Verlag, München.

Meyers Kinderlexikon. Bibliographisches Institut, Mannheim.

Reigl, M.: *Kinder kochen selber*. Gräfe und Unzer Verlag, München.

Stöcklin-Meier, S.: *Natur-Spielzeug*. Ravensburger Verlag Otto Maier GmbH, Ravensburg.

Zeitschriften, die auch Bastel-Ideen enthalten

Spielen und lernen. Velber Verlag GmbH, Postfach 10 02 54, 3016 Seelze.

Kids. Magazin für Mutter und Kind. Bastei-Verlag Gustav H. Lübbe GmbH, Scheidtbachstr. 23-31, 5060 Bergisch-Gladbach.

Eltern. Gruner + Jahr AG & Co., Postfach 10 25 25, 2000 Hamburg 1.

Mein Kind und ich. Gruner + Jahr AG & Co., Postfach 10 25 25, 2000 Hamburg 1.

Leben und erziehen. Weltbild Verlag GmbH, Postfach 10 00 85, 8900 Augsburg.

Die Fotos auf dem Umschlag

Umschlagvorderseite:
Die Bastel-Anleitung für den Kürbismann steht auf Seite 19.

Umschlagseite 2:
Zwei Kinder beim Basteln der Raumstation, die auf Seite 38/39 abgebildet ist.

Umschlagseite 3:
Fritz, der Dino, die Anleitung dafür steht auf Seite 50/51.

Umschlagrückseite:
Bastel-Handgriffe, die auf den Seiten 54 bis 59 erklärt werden.

Der Autor

Martin Weimar, Gärtner und Blumenkünstler, hält seit vielen Jahren Kurse rund ums Gestalten mit Pflanzen ab. Kinder, die an diesen Kursen teilnahmen, haben mitgeholfen, die Ideen für dieses Buch zu entwickeln. Und durchs Nachbasteln haben sie alle Anleitungen erprobt.

Die Fotografen

Die Fotos wurden im Fotostudio Teubner aufgenommen von Odette Teubner und Dorothee Gödert, mit Ausnahme von:
Hans Scherz: Seite 12 re.mi.;
Silvestris Fotoservice/ Riedmiller: Seite 12 li.o., li.u., re.o., re.u., Seite 13 alle.

Die Deutsche Bibliothek - CIP-Einheitsaufnahme
Martin Weimar:
Kinder basteln mit Pflanzen: Pfiffiges aus Blättern, Zweigen und Früchten; Spiel und Spaß beim Selbermachen; Anleitung für Figuren, Tiere, Schiffe, Flugzeuge und andere phantasievolle Basteleien / Martin Weimar. - München: Gräfe und Unzer, 1993
(GU.-Pflanzen-Ratgeber)
ISBN 3-7742-1853-6

1. Auflage 1993
© 1993 Gräfe und Unzer GmbH, München.

Redaktionsleitung: Hans Scherz
Stellvertretende Redaktionsleitung: Renate Weinberger
Lektorat: Christiane Gsänger
Satz und Herstellung: Michael Bauer
Produktion: Johannes Schmidt-Thomé
Fotos: Odette Teubner, Dorothee Gödert
Zeichnungen: Renate Holzner
Layout: Heide Blut
Umschlaggestaltung: Heinz Kraxenberger
Repro: Penta Repro
Druck: Peradruck
Bindearbeiten: Oldenbourg
ISBN: 3-7742-1853-6

Warnhinweis

In diesem Buch geht es ums Basteln mit Pflanzen. Achten Sie darauf, daß Ihre Kinder nicht mit Pflanzen oder Pflanzenteilen basteln, die giftig sind oder hautreizende und allergieauslösende Stoffe enthalten. Informieren Sie sich im Zweifelsfall in der Fachliteratur.
Bei einigen Bastelstücken brauchen Kinder die Hilfe und Anleitung von Erwachsenen. Vor allem wenn fürs Basteln Handwerkszeug wie zum Beispiel Ringbohrer, Messer oder Scheren nötig sind. Kinder, die im Umgang mit solchen Werkzeugen ungeübt sind, können sich sonst ernsthaft verletzen.